Philippe Claudel

Der Duft meiner Kindheit

Aus dem Französischen von
Ina Kronenberger

Rowohlt Taschenbuch Verlag

Die Originalausgabe erschien 2012 unter dem Titel
«Parfums» bei Éditions Stock, Paris.

Die Arbeit der Übersetzerin am vorliegenden Text wurde
vom Deutschen Übersetzerfonds e. V. gefördert.
Redaktion Anja Rüdiger

Veröffentlicht im Rowohlt Taschenbuch Verlag,
Reinbek bei Hamburg, September 2015
Copyright © 2014 by Rowohlt Verlag GmbH,
Reinbek bei Hamburg
«Parfums» Copyright © 2012 by Éditions Stock, Paris
Umschlaggestaltung any.way, Barbara Hanke / Cordula Schmidt
Umschlagillustration R. O. Blechman
Satz aus der Joanna Semi Bold PostScript
bei Dörlemann Satz, Lemförde
Druck und Bindung CPI books GmbH, Leck, Germany
ISBN 978 3 499 26711 6

Für meinen Freund Jean-Marc,
auf unseren gemeinsamen *Weg*, früher,
jetzt und in der Zukunft.

«Laß mich lange, lange den Geruch deines Haares atmen, mein Gesicht ganz hineintauchen, wie ein Dürstender in das Wasser einer Quelle; laß es mit meiner Hand mich schwenken wie ein duftendes Tuch, Erinnerungen in die Luft zu schütteln.»

Charles Baudelaire
Eine halbe Welt in einem Haar

Duftverzeichnis

Acacia / Akazie 13

Ail / Knoblauch 16

Alambic / Destillierkolben 18

Amoureuses / Chéries 20

Après-rasage / Aftershave 24

Boum / Fete 26

Brouillard / Nebel 28

Cannabis / Cannabis 31

Cannelle / Zimt 34

Cave / Keller 37

Chambres d'hôtel / Hotelzimmer 40

Charbon / Kohle 43

Charogne / Aas 46

Chaume / Stoppelfeld 48

Chou / Kohl 51

Cigare / Zigarre 53

Cimetière / Friedhof 55

Coiffeur / Friseur 57

Crème solaire / Sonnencreme 60

Deux temps / Zweitakter 62

Douches collectives / Gemeinschaftsduschen 66

Draps frais / Frische Bettwäsche 69

Droguerie / Drogerie 71

Église / Kirche 74

Enfant qui dort / Schlafendes Kind 76

Étable / Stall 78

Éther / Äther 80

Feu de camp / Lagerfeuer 82

Foin / Heu 86

Fumier / Dunghaufen 89

Gauloises et Gitanes / Gauloises und Gitanes 91

Goudron / Asphalt 94

Grès rose / Buntsandstein 97

Gymnase / Turnhalle 100

Lard frit / Gebratener Speck 103

Légumes / Gemüse 106

Maison d'enfance / Elternhaus 109

Mort / Tod 114

Munster / Münsterkäse 117

Ombellifères / Doldenblütler 119

Pantalon de pêche / Anglerhose 121

Piscine / Schwimmbad 124

Pissotières / Pissoirs 127

Pluie d'orage / Gewitterregen 130

Poisson / Fisch 133

Pommade / Salbe 135

Prison / Gefängnis 138

Pull-over / Pullover 140

Remugle / Muff 142

Réveil / Erwachen 144

Rivières / Flüsse 146

Salle de classe / Klassenraum 149

Sapin / Tanne 151

Sauce tomate / Tomatensoße 154

Savon / Seife 157

Sexe féminin / Weibliches Geschlecht 159

Station d'épuration des eaux / Kläranlage 163

Terre / Erde 166

Tilleul / Linde 169

Torréfaction / Röstung 172
Tourterelle / Turteltaube 176
Vieillesse / Alter 178
Voyage / Reise 182
Zitate 187

Acacia / Akazie

───

Eine klimatische Kuriosität: Ich kenne schneebedeckte Bäume Anfang Juni. Kompakt und leicht zugleich ist dieser Schnee aus klumpigen Flöckchen, und er wird vom abendlichen Wind liebkost, wie man den Bauch einer Geliebten streichelt. Ich stürze mich mit dem Fahrrad den Hohlweg hinunter, der hinter dem Friedhof von Dombasle, meiner Geburtsstadt, der Stadt meiner Kindheit, meiner heutigen Stadt, zum alten Sportplatz von Sommerviller führt, den wir zum Spielen nutzen. Verstecken, Völkerball, Räuber und Gendarm. Ich bin auf dem Weg zu meinen Freunden: zu Noche, den Waguettes, Éric Chochnaki, Denis Paul, Jean-Marc Cesari, Francis Del Fabro, Didier Simonin, Didier Faux, Jean-Marie Arnould, Petitjean, Marc Jonet. Die großen Akazien verdecken den hellen Himmel und fügen sich zu einem kunstvollen Gewölbe. Blätter in der Form antiker Münzen. Dornenkronen für nicht anwesende Gemarterte. Ich radele mit geschlossenen Augen und werfe den Kopf nach hinten, berausche mich am Duft der Blüten und der fiebrigen Freude, die der Frühling jedes Jahr von neuem mit sich bringt. Die Tage werden ab jetzt endlos sein, genau wie unser Leben. Wir erwarten den Abend mit neu ertönendem Vogelgezwitscher und Froschquaken. Es verblüfft uns zutiefst, die in der Erde verbliebene Kälte zu spüren und uns davon erfrischen zu lassen. Der Nebel wird sich auf eine weite Reise begeben und erst im Oktober wiederkehren. Der Himmel wird seine rosa Sonnenuntergänge hervorbringen, mit sanften orangefarbenen und hellblauen Tupfern durchsetzt, wie man sie in den Gemälden von Claude Gellée, auch Claude Le Lorrain genannt, sehen kann, der vor drei Jahrhunderten, wenige Meilen von hier entfernt, das Licht der Welt erblickt hat. Nach Honig und Primeln duftende Akazienblüten unter dem Summen der Bienen, die sich winzigen behaarten Klatschnelken gleich daran berauschen und durch die milde Luft taumeln. Wir anderen – kleine Menschenkinder – suchen an den niedrigsten Ästen die schweren Blütenstände in zartem, cremefarbenem Ton. Wir pflücken sie, ignorieren die Wunden an Fingern und am Handgelenk und das Blut, dessen Perlen unseren Mut bezeugen. Ich wickele die frisch Verblichenen in ein Stück Stoff und kehre, fest in die Pedale tretend, nach Hause zurück. Ich komme an den schlafenden Schlachthöfen vorbei, in denen die Rinder, nachdem man ihnen das Fell abgezogen hat, im Kühlraum am Haken hängen und über ihr kurzes Leben sinnieren. Meine Mutter hat den Teig vorbereitet. Wir tunken die Blütenstände hinein, die sich sogleich mit einer hellen Lavaschicht umhüllen. Sehr rasch müssen sie dann in heißes Öl getaucht werden, damit das intensive Aroma nicht erstirbt, sondern unter der winzigen goldenen Kruste eingeschlossen bleibt. Die Nacht draußen hat ihr preußischblaues Auge weit geöffnet. Die Katze neben dem Herd sieht uns verwundert zu. Es ist spät. Es ist früh. Mit glänzenden Augen beiße ich, ohne auf das Brennen der Lippen zu achten, in die knusprige Masse aus Blüten, Lachen und Wind. In diesem Moment dringt der ganze Frühling in meinen Mund.

Ail / Knoblauch

Zunächst ritzt das Messer die Zehe ein. Ein Messer, dessen Klinge nach dem Wetzen an eine hauchzarte Mondsichel erinnert. Dasselbe Messer, das meine Großmutter – die trotz ihrer Körperfülle Floh genannt wurde – ohne Gewissensbisse und zielsicher vor meinen Augen in die Kehle der Kaninchen rammt, um das Blut abzulassen, und niemals wende ich den Blick ab, ziehe dieses freimütige Töten dem heuchlerischen Stock vor, den viele verwenden, um das Tier zu erschlagen. Auch mein Vater geht so vor. Ich verpasse keine einzige Hinrichtung. Mir gefällt vor allem der Moment, wenn er, nachdem er kurze Einschnitte um die Pfoten gemacht hat, mit einem Griff die Haut umdreht, als wäre sie ein Strumpf, um sodann den bläulich glänzenden elfenbeinfarbenen Körper freizulegen. Aus dem Knoblauch, dessen Zehe nackt dem Eckzahn eines Raubtiers ähnelt, feilt die Tatwaffe winzige perlmuttschimmernde und etwas fettige Würfel, denen kaum die Zeit bleibt, ihr Aroma freizusetzen, denn sehr rasch wirft meine Großmutter sie in die verbeulte schwarze Pfanne zu dem darin brutzelnden Steak. Explosion. Beißender Rauch. Brennende Augen. Die Küche des Häuschens in der Rue des Champs Fleury Nummer 18 löst sich in Rauch auf. Mir läuft das Wasser im Mund zusammen. Der Geruch nach Knoblauch, nach heißer Butter, nach Fleisch, dessen Blut und Säfte sich beim Kontakt mit dem geschmolzenen Fett in eine köstliche Flüssigkeit verwandeln. Ich warte mit knurrendem Magen. Am Tisch. Das Besteck in den Händen. Ein weißes Leinentuch um den Hals gebunden. Meine Füße reichen noch nicht bis zum Boden. Ich bin der Däumling, der zum Menschenfresser aus dem Märchen wird. Vor mir liegt das ganze Leben. Großmutter scheucht den Bratengeruch aus dem Fenster, das zum Hof geht, und lässt das fertig gegarte Steak, das wir am Morgen beim Petit Maire in dessen Metzgerei in der Rue Carnot erstanden haben, auf meinen ausgebesserten Steingutteller gleiten, dessen Risse und Jagdmotive ich sehr mag. Die Knoblauchwürfel sind hart geworden. Manche sind rötlich, andere sepiafarben, wieder andere haben die Farbe von Karamell, während sich einige wenige erstaunlicherweise die Farbe weißer Jasminblüten bewahrt haben. Sie alle entfalten auf dem heißen goldenen Fleisch ihre unfassbare Wunderwirkung. Großmutter beendet ihr Werk, indem sie mit der schwarzen Nähschere etwas Petersilie zuschneidet und auf das Fleisch rieseln lässt, das daraufhin nach frischen Kräutern duftet, dann lächelt sie mich an. «Isst du nichts?», frage ich sie. «Dich essen zu sehen ist mir Nahrung genug», entgegnet sie. Sie sollte sterben, als ich acht Jahre alt war.

Alambic / Destillierkolben

Es ist eine Dr.-Mabuse-Hütte aus Brettern, die nur grob zugeschnitten und verfugt sind, stellenweise schwarz, als hätten irgendwann im Laufe der Zeit unerbittliche Flammen an ihnen geleckt. Sie steht oberhalb des Flüsschens Sânon, nahe der Brücke Pierre Escuras, leicht auskragend, als würde sie an der hohen Uferböschung von einer wundersamen Vertäuung festgehalten. Darunter das winterliche Wasser, spärlich, grau und trüb, die langen Algen ein schmutziger Haarschopf, und nicht weit entfernt befindet sich der Hafen des Grand Canal, wo sich die Lastkähne wie fette Fische aneinanderreihen, die sich den Bauch mit Kalk und Kohle vollgeschlagen haben. Im Januar erwacht die Hütte aus ihrem Schlaf. Gelegentliches Zischen, undefinierbare Geräusche, aufsteigender Dampf und Rauch, sich tröpfchenweise lösende und gurgelnde Flüssigkeiten, hin und wieder aber auch ein Husten oder ein Lied, eine gepfiffene Melodie, ein Fluch oder zwei. Wir Jungen lungern in der Nähe herum, gieren mit Nase und offenem Mund nach dem Geruch und atmen alles ein, was die Wände ausdünsten, bis der Brustkorb zu zerbersten droht, wir ignorieren die Kälte, die die Finger gefühllos macht und die Wangen rot färbt. Der unsichtbare Destillierkolben und sein Herr, der nicht minder unsichtbar ist, üben eine große Anziehungskraft auf uns aus, Spanner, die wir um die alkoholische Sonne torkeln. Denn was sich hier in den Tiefen eines Mysteriums, das unser Fassungsvermögen übersteigt, in den hintersten Winkeln dieses Labyrinths im heißen Kupferkessel in Schnaps verwandelt, ist tatsächlich die Sonne. Eine Sonne aus goldfarbenen und blassvioletten Früchten, Mirabellen, Birnen, Zwetschgen, Pflaumen, Schlehen, vor wenigen Monaten unter Bäumen aufgelesen, so reif, dass ihr süßes Gewicht sie herabfallen und oftmals platzen ließ, mehr als erfüllt von warmem Fruchtfleisch und Üppigkeit, sodann in Fässern vermischt, wo sie sich jenseits jedes Fäulnisvorgangs zu einem betäubenden und mit Bläschen angereicherten Traubenmost verbanden. In der Hütte über dem Fluss spielt sich dann der letzte Akt ab. Das Fleisch wird zu reinem Alkohol. Die Maschine liefert die Flüssigkeit für die Flaschen und Glasballons, die unsere Väter herbeischleppen, überlässt jedoch auch den Engeln einen Teil, den die wacklige Hütte großherzig entschweben lässt. Ganz sicher berauscht man sich im Himmel an diesen Dämpfen, doch wir Irdischen, die wir keine Engel mehr und noch keine Dämonen sind, werden ihretwegen zu betäubten Faunen, fahren mit dem Fahrrad in Schlangenlinien, lachen über jede Kleinigkeit, glücklich, trunken von dieser alkoholhaltigen Brise, trunken vom Leben.

Amoureuses / Chéries

Wie ist der Duft unserer kleinen *Chéries*, wenn unsere Lippen sich zum ersten Mal begegnen und dann schlicht nicht mehr weiterwissen? Ich bin zwölf. Die Mädchen beachten mich nicht, und die Jungen verspotten mich wegen meiner hageren Erscheinung. Mein flatterhaftes Herz schlägt wie wild, wenn die braunhaarige Nathalie oder die blonde Valérie dicht an mir vorbeigehen. Ich schreibe Gedichte, die ich ihnen in die Hand drücke, morgens um acht, wenn ich zum Collège Julienne Farenc komme. Kleopatra, Helena von Troja, Athene, Aphrodite, Diana, Nofretete: Ich bilde mich in Geschichte und Mythologie. Auch bediene ich mich hemmungslos bei den Dichtern aus meinem Französischbuch – *Valérie / Unterm Pont des Voleurs fließt der Sânon / Was Liebe hieß / Muß ich es in ihr wiedersehn?* oder *Morgen bei Sonnenaufgang breche ich auf, erhellt der Tag die Felder. / Nathalie, ich weiß, du wartest mein. / Ich werde in die Schule gehen, und ich gehe durch die Wälder. / Ich kann nicht mehr fern von dir sein.* Aber Nathalie wartet nicht auf mich. Um die Intensität meiner Leidenschaft unter Beweis zu stellen, erfinde ich für Valérie das Verb *lilalieben*, kindischer Superlativ von lieben, *Valérie, ich lilaliebe dich!* Ich ernte nur Schulterzucken und einen angewiderten Gesichtsausdruck. Meine Gedichte enden als Papierkügelchen im Rinnstein. Vor meinen Augen dort hineingeworfen. Von Hunden und Katzen begossen. Den Aufpasser spielen, zu mehr tauge ich nicht, um François zu warnen, der Nathalie küsst, oder Denis, der das Gleiche mit Valérie macht, wenn sich ein Erwachsener nähert und sie an den schmalen Durchgängen zu überraschen droht, die die Straßen Jules Ferry und Jeanne d'Arc miteinander verbinden. Ich gebe bereitwillig den kleinen Hahnrei, der für die Ungestörtheit der Amouren sorgt, die die anderen mit meinen Chéries haben. Ich frage sie anschließend, wonach die Küsse schmecken und duften, Nachahmungen jener Küsse, die jeden Sonntag auf der Leinwand im Cinéma Georges zu sehen sind, Kinoküsse, so ungestüm wie regungslos, die ebenso gut als Reklame für einen Sekundenkleber herhalten könnten. Es sind *Zungenküsse*. Doch die einzigen Küsse, die ich kenne, sind die *Schokoküsse*, die es auf dem Jahrmarkt gibt. Monate später erfahre ich es selbst: weder von Nathalie noch von Valérie, sondern von Christine Frenzi. Der dicken Frenzi. Eine Geburtstagsfeier bei den Waguettes. Wir essen Kuchen. Trinken Orangen- und Zitronenlimo in psychedelischen Farben. Musik wird aufgelegt, ein langsamer Schmuse-Blues, klebrig süß wie die Getränke. Pärchen bilden sich. Alle bewegen sich, so gut sie können. Viele Tänzer tragen Shorts. Nur wir zwei sitzen noch, sie und ich. Sie kommt auf mich zu, nimmt meine Hand. Ich traue mich nicht, nein zu sagen, und schon drückt sie mich an sich. Meine Arme reichen kaum um ihren Körper herum. Ich schäme mich ein bisschen. Was werden

Nathalie und Valérie denken in den Armen meiner Freunde, so nah und so weit weg? Ich schließe die Augen. Erneut ist sie es, die sich mit ihrem Gesicht nähert, meine Lippen sucht, sie findet, sie küsst. Seidiges Haar, mit dem gleichen Shampoo gewaschen wie meins, doch da ist noch etwas anderes, etwas Pflanzliches und Süßliches, etwas Kandiertes, der Duft einer Delikatesse, eines Backwerks, der Duft von Halmen und weiten Wiesen, den ich nicht in Worte zu fassen vermag, der mich jedoch betört und den ich einatme, glücklich an ihrem Hals, auf ihren Lippen, diesen Lippen, die ich erneut küsse, und dieses Mal will ich es selbst. Vergessen ist Nathalie, vergessen Valérie. Pech für sie. Und als sich die dicke Frenzi nach dem Tanz wie die anderen Mädchen bei den anderen Jungen auf meinen Schoß setzt, meine nackten Oberschenkel in Schmerz erdrückt werden, als meine wenigen Muskeln über die Knochen rollen, sage ich kein Wort. Beiße die Zähne zusammen. Atme ihren Nacken ein, ihre Wangen, ihren Mund. Wir küssen uns noch einmal, und diese Küsse, die den unverbrauchten Duft des Engelhaften annehmen – endlich kann ich ihn benennen –, lassen mich danach über Jahre hinweg das Einmachglas mit kandierten Früchten öffnen, das meine Mutter ganz unten im Küchenschrank aufbewahrt und dessen Inhalt sie zum Backen von Sandkuchen und zum Verzieren von Napfkuchen verwendet. Mit vollen Händen bediene ich mich an den Stückchen, diesen kandierten, gezuckerten und klebrigen Doldenblütlern, halte sie mir unter die Nase, schließe die Augen, verzehre sie, auf dem Linoleumboden sitzend, und denke an die dicke Frenzi, an ihre Küsse – aber auch an Michèle Mercier, die engelhafte Angélique, deren leicht erotische Abenteuer jeden Sommer im Fernsehen ausgestrahlt werden –, dabei singe ich das schmalzige Lied, das uns beide verbindet – *On ira, où tu voudras quand tu voudras, et l'on s'aimera encore, lorsque l'amour sera mort*. Mein ganzer Dank geht an Joe Dassin, der mir weitaus mehr geholfen hat als Apollinaire und Hugo zusammen.

Après-rasage / Aftershave

Ich betrachte meinen Vater aus steilster Froschperspektive. Wir befinden uns im Badezimmer im Untergeschoss unseres Hauses. Er steht am Waschbecken vor einem Wandschränkchen, dessen drei Türen verspiegelt sind. Das Triptychon gestattet ihm, je nach Position, drei Gesichter zu sehen anstelle von einem, bisweilen auch mehr. Der Elektrorasierer gleitet über die Haut, die er zwischen den Fingern dehnt, damit sie eben ist. Er fährt mehrmals über dieselben Stellen, zurück bleibt eine glatte und rötlich marmorierte Gesichtshaut. Vor meinen Augen, die ihn nicht loslassen, wird er zusehends jünger. Er verliert den nächtlichen weißen oder grauen Bart, Asche, die sich im Schlaf über sein Gesicht gelegt hat, um ihn altern zu lassen und ihn mir zu entreißen. Die Melodie des Rasierers ist eine Psalmodie. Ein Gebet aus zwei oder drei Tönen, mit einem durchgehenden Bass unterlegt, gleich dem monotonen Gesang mancher Muezzins. Im Badezimmer ist es stets feucht. Es riecht nach ausgekühltem Hammam. Nach den Umkleideräumen eines Schwimmbads. Das Zimmer ist fensterlos. Um es zu lüften, muss man zwei hintereinanderliegende Türen öffnen, die Tür zur Waschküche und die zur Essecke draußen. Mein Vater zieht den Stecker, wickelt die Schnur auf, räumt den Rasierapparat in den Badezimmerschrank, in die linke Seite, und nimmt ein breites, flaches Fläschchen heraus, es ist mit einer grünen Flüssigkeit gefüllt. Mennen – für uns Männer. Ich bin weit davon entfernt, ein Mann zu sein. In die sorgsam gewölbte linke Hand gibt er ein paar Spritzer der Flüssigkeit, wobei er das Fläschchen wie in der Werbung schüttelt. Rasch schlägt er sich mit den so getränkten Handflächen mehrmals gegen die Wangen, das Kinn, den Hals. Plötzlich überfällt uns ein arroganter Geruch nach Menthol und Zitrusfrüchten, verstärkt vom durch die Luft wirbelnden Alkohol, der uns in die Nase sticht. Er lässt jedoch schnell nach. Zurück bleibt ein Duft von Melisse und Zitrone und Pfefferminze, die ich im Garten finde und auf der ich gerne kaue, ein smaragdgrünes Blatt, ein heller Kräutertee mit gelber Schale und etwas Pfeffer. Mein Vater, der mich Nonome oder Julot nennt, beugt sich zu mir herunter. Hält mir seine brennenden Wangen hin, die ich, einem festen Ritual folgend, küsse. Sie sind erstaunlich weich und sanft geworden, von einer Zartheit, die nichts Männliches hat. Dank der Rasur und des grünen Wassers hat sich mein Vater von einem erwachsenen Mann in einen Säugling verwandelt.

Boum / Fete

Auch wenn der helle Tag draußen die Fassaden bleicht, brauchen wir die Nacht. Die künstliche. Mit allen uns zur Verfügung stehenden Mitteln nachgestellt. Wir sind jung, kaum sechzehn, und bereits begraben. In Kellern. In vernagelten Schuppen. In Garagen mit zugehängten Oberlichtern. Auf der Suche nach dunklen Ecken, toten Winkeln, ausreichend durchgesessenen Sofas, deren Armlehnen uns als Paravents dienen. Sich vor den anderen verstecken. Vor uns selbst, vor der Angst, sich einem Mädchen zu nähern, sie zu spüren, an uns gedrückt, eine Hand auf ihre Hüfte zu legen, ihre Brüste, ihre Lippen zu suchen, ohne dass sie auf unserer Wange, der linken, den reifen Aknepickel sieht. Nichts sehen. Und nichts zeigen. Auch nichts hören, während unser *Ich liebe dich* von den Dezibel des MC5 erstickt wird, von The Ramones, Patti Smith, Téléphone, Trust, The Clash oder den Sex Pistols. Wir könnten hinterher jederzeit behaupten, wir hätten nichts gesagt. Blind. Taub. Stumm oder fast. Fangzähne im Bauch, die in unseren Eingeweiden wühlen, ich trau mich, ich trau mich nicht, und die sich von den ersten Schnäpsen nähren. Dann tanzen, den Körper verrenken, im Rhythmus oder nicht, sich beim Tanzen verausgaben, um nicht an der ganzen Energie zu krepieren, die in uns ächzt, die uns mit Tritten malträtiert, und sodann unserem Schweiß, unseren Launen, unserer Wut freien Lauf zu lassen, in diesem verruchten Zimmer, das uns zu ersticken droht, und es tut so gut zu ersticken, am Körper die säuerliche, tierische, jugendliche Wärme unserer T-Shirts und Hemden zu riechen, die an der Haut kleben, in denen sich Zigarettenqualm verfängt, genau wie Schwaden von Bierhefe und Hopfen, von jugendlichen Körpern, vom Parfüm der Mädchen, die geschminkt sind wie Nina Hagen, Kate Bush oder Lene Lovich, vom Deodorant der Jungen, von unverbrauchten Mündern, das Ganze durchsetzt mit Nuancen von Motoröl, Benzinkanistern, Schmiermittel, Motorenfett und Terpentinersatz aus der Garage. So verbringen wir Stunden, unsicher in jenen steifen, kahlen und ereignislosen, von Giscard geprägten Jahren, am großen Abgrund des Lebens, in den wir uns, ohne es zu ahnen, am liebsten stürzen würden, kleine *menschliche Bomben*, wild, entfesselt und sorglos, triefend vor Liebe, voll von Träumen, das viele Bier und die Welt der Erwachsenen ausspuckend. Und später, schwankend, den Kopf mit Musik und Alkohol zum Platzen gefüllt, finden wir all das wieder in unserem klebrigen Hemd, das wir, zu Hause angekommen, ausziehen und das besudelt ist, getränkt, verräuchert, geküsst, erschöpft und noch feucht.

Brouillard / Nebel

Schlafende Pferde wirken stets wie große Kadaver. Wenn sie auf der Seite liegen, die Beine ausgestreckt, scheinen sie auf den Karren des Abdeckers zu warten, der sie zu dem Graben schleift, an dem sie auseinandergenommen werden. Der Nebel macht sie zu Fabelwesen, indem er sie zur Hälfte verschluckt. Ich komme an Saint-Nicolas-de-Port vorbei, wo die hohe Basilika den Nebel zerreißt, mit ihren weißen Steinen zieht sie die nicht gerade gnädigen Sonnenstrahlen auf sich. Ich denke an die Haudegen aus dem Dreißigjährigen Krieg, an den Galgenbaum von Jacques Callot, an die in langen Wintern von Wölfen verschlungenen Tiere und Menschen, an den wunderbaren Roman *Mengeatte* von Raymond Schwab, den mir der Dichter und Buchhändler Roland Clément empfohlen hat, der während meines Studiums zusammen mit seiner Frau die Buchhandlung *Le Tour du monde* in der Rue des Michottes in Nancy führt. Pferde und Nebel also entlang der Straße, die mich nach Rosières-aux-Salines bringt. Ich radele gemächlich. Je weniger Zeit ich habe, umso mehr nehme ich mir davon. Der Nebel ist wie ein Topfdeckel: Er drückt die Gerüche der Erde, die von einem noch jungen Herbst überrascht wird, nach unten, den Geruch von Gras, noch schlaff von der morgendlichen

Kälte, den Geruch von Tieren auf den Feldern, von leeren Wiesen und nassem Asphalt. Ein großer Flakon ohne Hülle, ein ewiger Zerstäuber. Ich atme den Fellgeruch der Pferde ein, ihren scharfen, vom Schlaf verlangsamten Atem, ihre Flanken auf Pferdeäpfel gebettet. Und ich denke an andere Pferde: Auch sie entsteigen dem Nebel wie einem seltsamen romantischen Traum. Sie stammen aus den Ardennen, aus dem Perche, aus Boulonnais, ihr Fell ist mit Wasserperlen geschmückt. Eingespannt zu zweit, ziehen sie auf einem Treidelpfad flache Lastkähne hinter sich her. Ich bin ein Kind. Ihr Atem stößt Wolken in die Luft, und wenn ich dicht an ihnen vorbeigehe, spüre ich die große Hitze stark beanspruchter Tiere, die angespannten, dampfenden Muskeln und das saftgetränkte Fell. Ich mag den Nebel, er schickt mich in die Tiefen meiner selbst. Gehe ich draußen spazieren, in einer Natur, die mir nur ihre unmittelbaren Ränder zeigt, obschon auch diese von einem unsichtbaren Radiergummi angeknabbert sind, wird die Welt zu einer Projektion der Seele, einer eindringlichen und etwas kühlen Hypothese. Ich bin allein. Im Innersten allein, und ich ziehe mich zurück in diesen Gedanken wie eine Schnecke in ihr Haus. In der undurchdringlichen, nur hier und da durchbrochenen Präsenz des Nebels zeigt sich, einer unerklärlichen Logik folgend und dank der glatten weißen Fläche, die an eine Lichtquelle in der Ferne glauben lässt, die Ankunft eines wohltuenden *Weltuntergangs* ohne größere Konsequenzen und Schmerzen. Wie ein Entsafter potenzieller, außer Kraft gesetzter Düfte sabotiert der Nebel die tägliche Landschaft, um sie dem Sehsinn und dem Geruchssinn neu zu präsentieren. So offenbart die Rue Hélène, die auf der anderen Straßenseite fast unmittelbar vor meinem Haus entspringt und normalerweise den Anblick eines schmucklosen Gässchens von engen Bergarbeiterhäusern mit geschlossenen Fenstern und verwilderten Gärten bietet, eines kleinen Bächleins, das den Hang hinunter zum Mäuerchen des Casinos und des Musikpavillons fließt, im Nebel ein flämisches Geheimnis, das das Aroma moosbewachsener Ziegel, den Duft von Koks, Wollfett, Tauwerk, Wollüberziehern und das Lüftchen von Wasserläufen – des nicht weit entfernten Sânon, aber auch der beiden nahen Kanäle, des kleinen und des großen – versprüht, und man riecht hier, was man sieht, so wie man träumt und zugleich begreift. Simenon drängt sich auf, sein ganzes Universum taucht im Rauch einer Pfeife auf, die ein einsamer Spaziergänger in zwanzig Metern Entfernung zum Erröten bringt, während er durch den Nebel läuft, unter der Aura einer verschwommenen Straßenlaterne hindurch, an deren Pfahl ein Hund, eine zu dick geratene Promenadenmischung mit ausgeleierten Brustdrüsen, schließlich kläffend das Bein hebt, ohne so recht daran zu glauben.

Cannabis / Cannabis

───

Ich rauche keine Joints. Ich drehe sie für andere. Ich mag das Handwerkliche daran. Die präzisen Bewegungen, die Technik, die menschliche Geschicklichkeit, die darin besteht, aus einfachen Materialien, aus Zigarettenpapier, einem Stück Pappe, Tabak, Hanf und etwas Spucke einen Gegenstand herzustellen, der effizient und leicht zu handhaben ist. Ebenso bewundere ich das Knowhow und den Unternehmergeist meines Kumpels Ben, der mit seiner Partnerin Nanou das oberste Stockwerk eines Gebäudes in der Rue Gustave Simon in Nancy bewohnt, in dem es keine Heizung gibt. Auf dem angrenzenden Dachboden baut Ben während der Sommermonate ein Miniwäldchen aus indischem Hanf an und lässt ihm die Pflege eines Hobbygärtners angedeihen, der die Gartenzeitschrift *Rustica* abonniert hat. Er und Nanou sind keine Kinder unserer Zeit. Auch wenn sie damals, im Jahr 1983, The Cure, U2, Joy Division, The Stranglers oder Depeche Mode hören, ihre Frisuren, das lange, glatte brave Haar, die Ente, die sie fahren, ihre weiten selbstgestrickten knielangen Pullover, schon die Tatsache, dass sie mit gerade mal zweiundzwanzig ein festes Paar sind, ihre Begeisterung für die Maas und die Ardèche, für Bioprodukte, Bulgur und Kresse, ihr Hass auf Atomkraftwerke und Pestizide, ihre Bewunderung für ökologische Leitfiguren, die auch damals schon nichts Aufregendes an sich hatten, ihre Sabotage des Stromzählers mit Hilfe eines einfachen Kugelschreibers zeigen, dass sie entweder zwanzig Jahre zu spät dran sind oder dreißig zu früh. Bei ihnen wird viel getrunken. Und noch mehr geraucht. Was zu vernebelten Gesprächen führt, in deren Verlauf Ben gern einen Helm der Republikanischen Sicherheitskompanien aufsetzt, den sein Schwager Patrick, ein alternativer Französischlehrer, bei einer Demo auf der Hochebene von Larzac geklaut hat. Ihre Sätze haben einen Anfang, aber fast nie ein Ende. Die Bewegungen sind langsam, die Lider schwer, die Augen stumpf. Sogar ihre Küsse enden auf den Lippen, die sich zu vereinigen suchen. Alle haben sich lieb. Die sanfte Gitarre eines Mark Knopfler begleitet die Rauchschwaden, die in den Himmel steigen. Auch wenn ich selbst nicht rauche, inhaliere ich eine große Menge Cannabis, dessen Duft nach Kräutertee, getrocknetem Gras, verbrennendem Unkraut, Naturheilmittel und trockenem Holz mich so bezaubert, dass ich nicht unbeschadet davonkomme. Die Welt beginnt einem Universum mit biegsamen Uhren zu ähneln. Die Möbel werden elastisch und mischen sich in unsere Diskussionen ein. Die Lichter tanzen wie Nanou, die uns unbedingt ihre Brüste zeigen will, auf dem niedrigen Tisch. Der Kelim, der das verlebte Parkett schützt, wellt sich wie das Rückgrat eines geschmeidigen Tiers. Die Frau neben mir glaubt, ich hieße Jean-Luc. Ich will sie überreden, sich auszuziehen, aber sie erklärt mir, dass sie nur mit einem

Jean-Paul ins Bett gehen kann. Heute kommt es bisweilen vor, dass mich auf der Straße, an einer Bushaltestelle, in unmittelbarer Nähe eines Gymnasiums oder in einem Durchgang eine nach Gras duftende Wolke überrascht. Augenblicklich sitze ich wieder bei Ben und Nanou. Oben unterm Dach, habe die Füße auf dem Tisch und ein Glas Gordon's neben mir. Lausche Ben mit halbem Ohr, der mich darüber aufklärt, dass Hartkäse krebserregend sei und François Mitterrand mit seinem Auftreten als Präsident der Linken uns am Ende alle verarschen werde, während ich zwischen den Fingern einen perfekten Joint für ihn drehe, mein Beitrag zu diesem Abend. Neben uns auf dem Gasherd köchelt das Tomaten-Pil-Pil. Nanou singt lauthals *Sunday Bloody Sunday* und rührt gelegentlich im Topf, damit das Essen nicht anbrennt. Noch ist es nicht zu kalt. Ich glaube, ich bin glücklich.

Cannelle / Zimt

Ich wachse in einem Land mit Jahreszeiten auf, die brutal und endgültig mit der Axt voneinander getrennt werden. Und der Winter ist keineswegs die unbedeutendste Jahreszeit, sie beschließt das Jahr, wie man die Tür eines Zimmers verschließt, das voller Gold und Kristalle ist. Dann wird geträumt. Gesungen, gegessen und getrunken. Die Feiern und Adventskaffees, angereichert mit Elsässer Wein, Gewürztraminer und Riesling, mit Birnen-, Mirabellen- oder Himbeerschnaps, enden im Grunde erst an Mariä Lichtmess in einem Walzer aus heißen Crêpes. Zimt ist ihr exotischer Gast. Er findet den Rest des Jahres über kaum Verwendung, es sei denn von Zeit zu Zeit in einem Apfelmus oder Ende August auf einem Zwetschgenkuchen. Bei den ersten Anzeichen von Kälte streckt er seine gepfefferte Schnauze heraus. Die kleinen Stäbchen, die an angesengtes Pergament erinnern, das sich zusammengekräuselt hat, werden großen Einmachgläsern entnommen. In einem Mörser zu Puder zerstoßen. Geschenk eines Heiligen aus dem Morgenland. Der Orient hält Einzug in die Küchen, bringt sein Gefolge und seine Fata Morganas mit, lädt sie auf den Resopalmöbeln und der alten Wachstischdecke ab. Sandgebäck, Plätzchen, Brötchen, Hefekuchen, Linzertorten, Gugelhupf, alles mit Zimt versetzt, mit Zimt vollendet. Die Küche führt uns durch Europa und in vergangene Zeiten, mehlbestäubte Reisende und Leckermäulchen. Schon seit Jahren plane ich, eine Karte über die Verbreitung des Apfelstrudels zu erstellen, jenes feinen Kuchens, gerollt aus dünnem Teig, mit Äpfeln und Rosinen in seiner urtümlichsten Version, der mehr oder weniger die Grenzen des ehemaligen Habsburgerreiches nachzeichnet, da man ihn ebenso gut in Wien wie in Venedig, Triest, Bukarest, Warschau, Prag, Budapest oder Brünn auf den Teller bekommt, aber auch in New York, wohin so viele vor den Ruinen und der Asche emigriert sind und auf das Leben hofften. Um ehrlich zu sein, ist es der Zimt, der mich bei diesem Kuchen lockt, seine betäubende, olfaktorische Winter- und Festmusik, eine legale Droge und geeignet, noch den französischsten Teig elegant und raffiniert wirken zu lassen, ihm das *gewisse Etwas* zu verleihen. Sogar ganz gewöhnlicher Rotwein verwandelt sich, wenn man ihn nur lange genug in einem Topf auf dem Ofen singen lässt, nachdem man zuvor Zucker, Orangenscheiben, Gewürznelken und eine Handvoll Zimt hineingeworfen hat, durch ihn in einen teuflischen Zauberer, der die Hände verbrennt, die das Glas umschließen, in dem man ihn serviert, der Mund und Kehle erwärmt, ein Feuer in den Bauch gießt, in den Augenwinkeln und auf den glücklichen Wangen, die die Kälte draußen zart gerötet hat, ein Lachen und Leuchten gebiert. Zungen heben an, Erzählungen und Trugbilder miteinander zu verweben. Erinnerungen an das Leben, die Geschichte und an Romane werden herausgekramt. Plötzlich beginnt man, von Minaretten, der Tundra und von gefangenen Prinzessinnen zu erzählen. Von Karawansereien, kleinen Steppenpferden. Von grobschnittigem Tabak, zerbrochenen Schwertern, einem Kaiser in seinem vor Kälte zitternden Schloss, von gefrorenem Leder und treuen Soldaten, in russischen Seen ertränkt, als alles verloren ist, als die Welt tot ist, sie aber werden niemals sterben.

Cave / Keller

Meine drei Großtanten Thirion, die Schwestern meiner Großmutter väterlicherseits, leben in Saint-Blaise, einem kleinen Dorf in den Vogesen, das nur aus einer Straße besteht. Wir nennen sie «Die Tanten aus Saint-Blaise», verschmelzen sie so zu einer ewigen Dreiheit und ignorieren ihre Vornamen, die zu ihrer Unterscheidung dienen könnten: Berthe, Catherine, Marguerite. Warum sind noch heute in meinem Gedächtnis nahezu krankhaft präzise ihre Gesichtszüge, ihre Falten, ihr Haar und ihre Frisuren, ihre grauen, schwarzen und blauen Kleider aus Genua gegenwärtig? Meine Großmutter mütterlicherseits habe ich innig geliebt, dennoch ist mir ihr Gesicht abhandengekommen. Jene alten Frauen, die niemals lächeln, mag ich hingegen kaum, und doch nisten sie sich so selbstverständlich in meinem Gedächtnis ein, als wären sie dort zu Hause. Unverheiratet leben sie in dem großen Haus der Familie, dessen Dach hinten an den Gemüsegarten grenzt, in dem Kohlköpfe Wache schieben bis zum ersten Frost. Etwas weiter hinten ist der Wald, sein trüber samtener Vorhang aus schwarzen Tannen, Moos und niedrigen Ästen. Meine Großtanten empfangen uns in ihrer Küche, von einem niedrigen Fenster und einer Hängelampe spärlich beleuchtet, die erst angeknipst wird, wenn man die Gesichter nicht mehr erkennt. Ich bin Gegenstand von Streitereien, die ich nicht begreife und deren Gründe in zähen Groll münden: Bei jedem Besuch bekommen wir eine Mirabellentarte vorgesetzt, als handelte es sich um ein prächtiges Geschenk, dabei ist sie vorgeschnitten, weich und fad, doch zum großen Missfallen meiner Mutter, die eine hervorragende Kuchenbäckerin ist, verschlinge ich mein Kuchenstück, was zwangsläufig eine meiner Tanten zu der Bemerkung verleitet: «Gott, ist der hungrig, der arme Kleine!», womit sie meiner Mutter zugleich vorwirft, mir nicht genug zu essen zu geben und folglich eine schlechte Mutter zu sein. Anschließend darf ich mich frei im Haus bewegen. Ich gehe nach oben und betrete Zimmer, in denen 1915 zuletzt ein Mensch geschlafen hat. Ich mache Schränke auf, entdecke eingemottete Melonenhüte, die Anzüge von Toten, feine Bambusstöckchen, Trockensträuße, gemalte Porträts. Dieses Museum vergangenen Lebens kommt mir vor wie ein Buch ohne Buchstaben. Ich habe das Gefühl, es eines Tages komponieren und schreiben zu müssen. Man gestattet dem Kind, das ich bin, den Geruch von Blütenstaub, verwitweten Strickkleidern und verwaister Wäsche einzuatmen, damit es diese Gerüche eines Tages zusammensetzt und Seelen zum Leben erweckt, die im Krieg, durch Krankheit oder einen Unfall verlorengegangen sind. Schlafzimmer, Dachböden, die oberen Stockwerke werden zu Totenklagen, während der Keller, der Unterleib, auf der ganzen Länge des riesigen Hauses ein Gedicht der Hölle ist. Zitternd betrete ich ihn, erreiche jedoch nie sein Ende – gibt es überhaupt eins? Nach wenigen Metern herrscht absolute Dunkelheit. Die Regale, auf denen Weinflaschen mit grauen Hälsen und Gemüsekonserven stehen, lösen sich genauso auf wie das steinerne Gewölbe. Die Kälte materialisiert sich, und meine Schritte, die den felsigen Untergrund verlassen, betreten blanke Erde, die von der Schaufel eines Totengräbers aufgewühlt scheint. Die Höhle stößt den schweren, aufdringlichen Atem eines tiefen Brunnens aus, mit Lehm und Schlamm vermischt. Mich fröstelt. Ich bleibe stehen. Ich versuche, so lange wie möglich in diesem Abgrund zu verharren. Mein Herz, ein kleines Tier im Käfig, pocht gegen Gitterstäbe aus Fleisch. Der Keller trachtet danach, mich mit seinem Zauber aus Schimmelpilzen, Salpeter und Schwitzwasser für sich einzunehmen, Sirenen der Tiefe mit nächtlichen Küssen, die mich umschlingen und mir den Atem rauben. Doch die Angst trägt schließlich den Sieg davon, und ich kehre der pechschwarzen Unendlichkeit den Rücken, renne durch die engen Gänge und werfe mich in die Arme meiner Mutter, schnappe, unter den ungerührten und missbilligenden Blicken der drei alten Tanten, von denen zwei leise vor sich hin schimpfen und sich über das behaarte Kinn streichen, nach Luft.

Chambre d'hôtel / Hotelzimmer

Ich kenne viele Hotelzimmer. Zu viele vermutlich. Was mich in meiner Kindheit in einen Zustand extremer Erregtheit versetzt, ist heute nur noch Quell einer harmlosen Angst. Wird es mir gefallen, das Zimmer, dessen Schlüssel man mir soeben in die Hand gedrückt hat und von dem ich noch nichts weiß, weder hinsichtlich seines Lichts noch seiner Farben, seines Mobiliars, seiner Gerüche? Werde ich mich darin wohl fühlen? Und vor allem, vor allem, werde ich darin schreiben können? Denn seit Jahren werden Hotelzimmer zu meinem Büro, zu meinem Labor. Dort bringe ich meine kleinen Geschichten zur Welt. Auch in Zügen und Flugzeugen. In Bewegung oder nicht, doch stets eingesperrt und weit weg von zu Hause. Ich bin fünf, sieben, zehn Jahre alt. Das Hotelzimmer bedeutet Ferien. Es lädt sich auf mit ihrer Weite, ihrer Fremdheit. Nichts riecht darin wie daheim, und woran ich mich klar und deutlich erinnere, ist der Duft der Seife und der Handtücher, die mich willkommen heißen, kaum dass ich die Türschwelle überschritten habe, in diesem Zimmer im Tiroler Ötztal mit seiner nüchternen Einrichtung. Lackiertes Holz und Daunendecken künden von dem angenehmen Komfort, in dem ich ein paar Tage verbringen werde. Das Zimmer gehört mir nicht. Es kennt mich nicht, wird nichts von mir bewahren. Ich betrete es wie einen neuen Ort ohne Erinnerung an andere, einen Raum vollkommener Unpersönlichkeit, in dem ich mich unwohl fühlen könnte, der mich stattdessen aber in meiner Eigenschaft als Reisender, als ein Mensch auf der Durchreise tröstet. Wir sollten in Hotelzimmern vielmehr Metaphern unseres Lebens sehen. Neu verlegter Teppichboden, frische Bettwäsche, von industriellen Reinigungsfirmen gewaschen und gebügelt, die allesamt die gleichen effizienten und geruchlosen Waschmittel verwenden – und dieses Fehlen jeglicher Gerüche wird schließlich selbst zu einem Geruch –, desinfiziertes Badezimmer, eingebauter geruchloser Kleiderschrank, gelegentlich Blumen in einer Vase, bevorzugt solche ohne Duft, dezente Blumen, meist Orchideen. Nur die Toilettenartikel bieten Düfte an. Duschgel, Körperlotion, Seife. Auf sie komme ich nun zurück. Und auf die Eindrücke eines Kindes. Das Hotelzimmer ist der Ort, an dem man eine andere Seife benutzt als daheim. Mal schreibe ich nichts. Der Ort verweigert sich, und ich versuche nicht, zu ergründen, wieso. Mal schreibe ich stundenlang, vergesse das Leben und die Zeit. Der Raum gehört mir nur vorübergehend. Ich hinterlasse meinen Geruch wie ein Tier auf einem schmalen Pfad oder unter einem Busch, wo es die Nacht verbringen wird. Doch gleich nach meiner Abreise am nächsten Tag wird alles, was von mir geblieben ist, entfernt. Beim Betreten des Zimmers wird niemand wissen, dass ich es zuvor bewohnt habe. Wir sind darin ganz schnell vergessen. Eine weitere Metapher. Hin und wieder, wenn ich auf der Suche nach meiner Brille oder einem heruntergefallenen Stift unter das Bett krieche, finde ich eine Socke, einen Knopf, ein Kaugummipapier. Ja, erst dann, dank dieser Indizien, wird mir bewusst, dass das Zimmer mindestens einen weiteren Bewohner erlebt haben muss, dessen Existenz von diesen kleinen Dingen bescheinigt wird. Doch bin ich weder Polizist noch Archäologe und entlocke diesen Relikten nichts. In manchen Zimmern wurde geraucht. Ihnen haftet noch der Geruch von kaltem Tabak an, der sich in den Teppichen, den Stores, den Hohlräumen des Lattenrosts, den Kuhlen der Matratzen sowie den Schränken festgesetzt hat. Seife und Tabak. Eine eigenwillige Mischung, aber kalter Rauch stinkt immer gleich. Er sagt nichts aus über den Menschen, der hier geraucht hat. Ob Mann oder Frau? Wer hat wohl letzte Nacht hier geschlafen? Das Hotelzimmer hat kein Geschlecht. Oder es ist ein Hermaphrodit. Im Grunde ist es indifferent. Es ist ihm egal. Es gibt sich demjenigen hin, der zahlt. Eine Hure, die, ohne zu küssen, die Augen schließt. Sie schmiegt sich an uns, für ein paar Stunden, eine Nacht, gaukelt uns vor, der Einzige zu sein, nimmt unsere Ausdünstungen in sich auf, um uns besser belügen zu können, und verscheucht sie wieder, so wie sie uns verscheucht. Ihr wahrer Duft ist der Duft unseres kurzen Aufenthalts und unserer Unbeständigkeit.

Charbon / Kohle

Wir heizen mit Holz und mit Kohle. Mehr mit Kohle als mit Holz, und vor jedem Winter kommt der Laster von Aubert, um uns zu beliefern. Dutzende Säcke aus schmutziger Jute, getragen von zwei Männern mit finsteren Gesichtern, in denen nur das Weiß der Zähne und der Augen etwas Menschliches ausstrahlt, eine beunruhigende Menschlichkeit indes, die etwas von Mörder oder Kinderfresser hat. Von denen einer den Namen eines nordischen Gottes trägt, Odin. Ihre Hände, fähig, Hälse umzudrehen, packen die Säcke auf der Pritsche des Lkw und hieven sie mit einer Hüftbewegung halb auf die Schulter, um sie mit langsamen, gleichmäßigen Schritten in den Keller zu tragen. Nach getaner Arbeit wischen sie sich mit schmutzigen Handrücken den Schweiß von der Stirn. Mein Vater bietet ihnen ein Glas Roten an, den sie in einem Zug leeren, stehend, ohne ein Wort zu sagen. Briketts, Eierkohlen oder auch Stückkohle. Der Kohlehaufen türmt sich neben dem Kartoffelhaufen. Beide schrumpfen gemeinsam innerhalb der nächsten Wochen dahin. So lässt sich das Ende der kalten Jahreszeit ermessen. In der Stadt dringt aus allen Schornsteinen schwerer dunkler Rauch, der nur mit Mühe zum Himmel aufsteigt und sich dort verflüchtigt. Häufig kommt es vor, dass ebenjener ihn nicht haben will und ihn zurück auf die Erde drückt, auf uns. Dann ersticken wir fast in dem giftigen Qualm, dessen Rußpartikel sich auf alles legen, auf die Gärten, die Wäsche, die zum Trocknen draußen hängt, auf unsere Haare, den Schnee, der in ihnen seinen Gegenpol findet. Ich werde in den Kohlenkeller geschickt. Ich fülle den seltsamen Zinkeimer, der einen rechteckigen Boden hat und nach oben hin zunehmend schmaler und runder wird. Ich packe ihn mit beiden Händen und trage ihn hinauf. Der Ofen wartet wie ein hungriges Tier, dass man ihm Futter gibt. Mit einem Feuerhaken öffne ich die Klappe, kippe die schwarze Masse in den roten Schlund. Die fürchterliche Hitze verbrennt mir die Haut und versengt mir bisweilen die Augenbrauen. Ein Schwein am Spieß. Der Ofen der Marke Sougland verdaut seine Ration. Wohlig beginnt er zu schnurren. Gesättigt. Ich öffne den Ranzen und mache im Duft der abendlichen Suppe am Küchentisch meine Hausaufgaben. Ich fühle mich wohl. Ich schreibe und lese gern in der Küche. Für mich ist sie der zentrale Raum, einfach und schlicht, weit entfernt von steifen Ritualen. Man muss dort keine Rolle einnehmen und sich nicht an soziale Spielregeln halten. Die Küche kennt unsere innerste Wahrheit. Sie sieht uns am Morgen mit zerknittertem Gesicht. Und am Abend lassen wir uns nach einem allzu langen Tag gern gehen, lockern den Gürtel und zeigen unsere Schwächen. Die Kohlehändler verschwinden in dem Maße, wie die Zentralheizung sich durchsetzt. Revolution. Wir haben's jetzt sauber warm. Die Keller sind nicht mehr rußgeschwärzt. Die Hausfrauen jagen nicht mehr dem Staub hinterher. Aus den Schornsteinen kommt nur noch durchsichtiger Rauch, der nach nichts riecht. Die Leute vergessen den Geruch. Sie schließen die Zechen. Versiegeln das Grubengelände. Die Kohle verschwindet aus unserem Leben. Jahre später laufe ich durch die Straßen einer polnischen Stadt. Katowice. Es ist Februar. Es ist schon dunkel und sehr kalt. Ich begegne dick vermummten Gestalten auf dem Bürgersteig, sie gehen schnell, mit gesenktem Kopf und verschwinden unter dicken Kapuzen, unter Fellmützen. Spärlich erleuchtete Läden. Nur wenige einladende Kneipen. Ein paar Betrunkene hadern mit ihrem Schatten. Dann plötzlich, ausgelöst von einem Windstoß, der auf den Dächern alles eingefangen hat, was sich dort tummeln wollte, bin ich eingehüllt in staubigen, beißenden, nahezu grünen oder gelben Qualm, der mir in die Nase und die Kehle sticht. Kohle. Kohle, die man in diesem Land des Tagebaus noch da und dort verbrennt. Der Geruch meiner Kindheit und der Geruch der Armut, auch der Trostlosigkeit, als zeigten die schwarzen Verbrennungspartikel auf die großen und kleinen, schwerwiegenden oder harmlosen, beständigen oder vergänglichen Nöte, die sich über das Leben der Menschen legen und es besudeln.

Charogne / Aas

Am Wegrand kaum geborgen stößt man auf einen Geruch, ebenso klangvoll wie intensiv und kompakt, aufgewühlt von den Deckflügeln Tausender Insekten, denen der Tod Geschäft ist, Musik und Lebensunterhalt. Schon sind wir mittendrin. Im Gedicht von Baudelaire, von wem sonst? In dem düsteren Gedicht vom Leben und von seinem Ende. Unter freiem Himmel, weit weg von allen Gräbern. Man erlebt die Schönheit des Himmels, kraftstrotzende Bäume, Blüten an Heckenpflanzen. Grünes, gekämmtes Gras, rote Erde, tausend singende Dinge, und plötzlich stößt man auf den Tod. Berauschend. Süßlich. Tierisch. Schrecklich. Schrecklich vielleicht weniger als gedacht. Verfehlt vielmehr, wie ein misslungenes Ragout, ein Wildbret, vergessen im Topf. Oft muss man vorliebnehmen mit dem Geruch. Die sterblichen Überreste des Tiers sind unauffindbar. Ist es sein Geist, der riecht, oder unser Entsetzen? So halte ich Ausschau nach zahlreichen Kadavern in den Wäldern von Serres, Flainval oder Hudiviller, wo ich beim Räuber-und-Gendarm-Spiel jäh Entsprechendes gerochen habe. Doch wer raubt hier was? Der Tod hat den Einsatz an sich gerissen, hat die Lebensgeister eines Fuchses an sich genommen, der vom Schrot eines bäuerlichen Wächters durchlöchert wurde, einer verschämten

Katze, die weit weg von ihrem Herrchen und Frauchen den Tod gesucht hat, eines kranken Rehs, das von Hunden auf Beutesuche angegriffen wurde. Und auch die Hitze und die Verwesung tragen ihren Teil dazu bei. Aufgeblähte Kadaver, Gase, austretende Körperflüssigkeiten. Der Rest ist bekannt. Eine beinahe unerträglich radikale Blüte, doch das Aas ist zurückhaltend, als wagte es sich nicht zu zeigen. Versteckt. Verfolgt. Scheu. Nur eine starke Erinnerung bleibt von ihm zurück. Aas ist das, was nicht mehr zu erkennen ist. Was keine Form mehr hat. Das Lebende hat sich verschämt in den Gestank geflüchtet. An seiner letzten Stätte. Und dann, ein kühler Windhauch von den Vogesen, ein wenig Regen, schon ist es vorbei. Kehrt man später zu der Stelle zurück, wird man von Maiglöckchen oder Weißdorn empfangen, während über das grüne Moos argwöhnisch ein Wiesel huscht.

Chaume / Stoppelfeld

Mitunter glaubt man, einen riesigen Haarschopf vor sich zu sehen. Blonde Stacheln auf trockener Haut. Militärischer Bürstenschnitt. Es ist Ende Juli und sehr heiß. Es wird geerntet. Nicht mehr von Hand gedroschen. Maschinen erledigen die Arbeit. Riesige Maschinen, die beim Fahren die ganze Straße einnehmen und nachts auf den Feldern das Getreide mit Scheinwerfern wie von Raumschiffen beleuchten. Wenn alles vorbei ist, ist das, was einmal wogende Ähren waren, abgehobelte Erde, ihrer üppigen Haarpracht beraubt. Haarausfall. Amputierte Felder. Die nur darauf warten, sich in einigen Wochen von Pflugscharen aufschlitzen zu lassen, um sich aufgewühlt in Erwartung der Winteraussaat auszuruhen. Zur Stunde ragen die gestutzten Halme noch nutzlos in die Luft. Ein paar Stängel und Körner, dem Dreschkorb entwischt, verstecken sich in den Wagenspuren und erinnern an das Gewesene. Wir beschreiten den Weg der drei Jungfrauen und kommen, kurz bevor wir die kleine Kapelle Unserer Lieben Frau der Barmherzigkeit erreichen und schon den Schatten der Kastanienbäume und das Plätschern der Quelle wahrnehmen, zu einem Stoppelfeld, das nach Backstube und frisch gebackenem Brot riecht. Der Wind wirbelt über den Stoppeln gelbe Strudel in den

Himmel, die je nach Lichtbrechung an manchen Stellen silbern glänzen. Wolken. Kleine Wirbelstürme, die nichts verwüsten. Man glaubt sich in einer biblischen Szenerie. In Wahrheit ruht man nicht eher, bis man Gott geschaut hat. Unter den Blicken der Akazien, die in stachligen Streifen den Weg säumen, gehen Vögel wie trockener Regen aus schweren dunklen Tropfen auf die Äcker nieder. Sie rauben dem Sterbenden die letzten Körner. Die Sonne brennt auf die Szenerie, Staub, Halme, aufgerissene Erde, ausgesparte Ähren, einsame Überlebende, die verwundbar daliegen, den Schnäbeln und Zähnen der Nager preisgegeben. Knetmasse. Sauerteig. Backtrog. Mehl und weiße Schürze. Ich schließe die Augen und stoße die Ladentür zu Rose oder Fleurantin auf, den beiden Bäckereien in der Rue Mathieu. Ich düse mit meinem Fahrrad durch die zu Ende gehende kalte Nacht, kreuze andere Lichter, die sich in der Musik des Dynamos verflüchtigen. Vor der Bäckerei angekommen, mache ich mit steifen Fingern die Tür auf, die seit fünf Uhr geöffnet ist. Die erste Ofenladung strahlt eine wohlige Wärme aus, und die Baguettes – wir nennen sie hier *flûtes* – und die Stangenbrote, die hier *pain longs* heißen, warten, aufgereiht auf den Regalen oder in Weidenkörbe eingepfercht, auf die ersten Kunden. Arbeiter von Solvay, die von der Nachtschicht kommen, Alte, die zu allein sind und nicht mehr schlafen können, Fischer, die zur Ausfahrt aufbrechen, Fernfahrer auf der Durchfahrt. Ich schiebe das Brot zwischen Jacke und Pullover, stelle den Kragen auf und strampele los. Das Haus ist noch nicht erwacht. Ich überrasche alle mit frischem Brot. Heuschrecken und Lerchen singen gemeinsam oder gegeneinander – Klänge einer stumpfen Säge – und künden das Tageslicht an. Die Stoppelfelder habe ich hinter mir gelassen. Ihre Höcker zittern unter der flimmernden Hitze. An das Mäuerchen gelehnt, das zur Kapelle gehört, koste ich den Schatten wie ein erfrischendes Getränk. Gestern und heute fließen ineinander. Glücklich radele ich nach Hause zu Milchkaffee, Butter und Erdbeermarmelade, unter der Jacke ein wohliges Brennen, als hielte ich ein Stück Sonne an mich gedrückt.

Chou / Kohl

Wenn Céline davon spricht, klingt es wie der Geruch wiederaufgewärmter Armut. Als Suppe zu jeder Mahlzeit, ohne Fleisch, das etwas Fett beisteuern könnte, und mit einem Mief nach ungewaschenen Körpern, der sich an die kropfigen Wände der Treppenhäuser krallt, in die Wirtschaftsgebäude und Abstellräume kriecht, sich an die niedrigen Decken der Dienstbotenkammern klammert, in die ranzig riechenden Hausmeisterwohnungen eindringt und sich schließlich als wertlose Spachtelmasse in jede noch so kleine Ritze setzt. Eine Art Ausweispapier des Elends. Sage mir, was du isst, und ich sage dir, was du nie sein wirst. Als Kind ist meine Angst, nach Kohl zu riechen, ebenso groß wie die Lust, ihn zu verspeisen. Bis mir der Bauch platzt. Ja. Kohlsuppe. Kohleintopf. Kaninchen in Kohl. Kohl mit Speck, gebratener Rosenkohl, innen fast noch roh, pur oder mit Kartoffeln, bei schwacher Hitze geschmort, der ein wenig anbackt und eine fettige Karamellschicht bildet, die alle Aromen in sich vereint. Am Nachmittag verraten mich meine Haare und Kleider, so wie es die gebratenen Wittlingfilets am Freitag tun. Doch freitags stinken wir alle, auch der Lehrer. Was den Kohl angeht, bin ich oft der Einzige, und die anderen halten sich demonstrativ die Nase zu, wenn ich an ihnen vorbeigehe. Erkalteter Kohl hat etwas Mörderisches. Von ihm bleibt stets etwas zurück. Spuren des Verbrechens. Träge Schwaden. Er ist ein ungeschickter Verbrecher, der nicht daran denkt, seine Spuren zu verwischen. Kohl ist auch der Geruch der Alten, die niemand mehr liebt und die niemand besucht. Der Geruch der zum Tode Verurteilten. Der Altenheime und Haftanstalten befällt. Als behagten ihm große geschlossene Räume und als wäre er der Einzige, der Sorgen und langen Haftstrafen, todgeweihtem Leben, zerstörten Existenzen, Verurteilten auf Bewährung, unterdrücktem, verpfuschtem, depressivem Leben sowie Sterbenden Gesellschaft zu leisten vermag. Kohl ist Teil des Urteilsspruchs. Und auch dort, wo es keinen Kohl gibt und ihn nie gegeben hat, kommt es vor, dass man ihn riecht, aller Wahrscheinlichkeit zum Trotz, in Zimmern, die nicht gelüftet werden, in schmutzigen Socken, an ungewaschener Haut, unter Achseln, Röcken, Unterhosen oder Verbänden. Beharrlich, obschon gar nicht da. So banal alles in allem, dass er von anderen nachgeahmt wird, die seine Identität untergraben. Eigentlich ist er ein Niemand, und das ist vermutlich der Grund, warum er so lange die Mahlzeit der Unbedeutenden war, ihnen haftet er immer noch an. Ein Ungeliebter. Ein Geächteter. Ein Verstoßener. Ein Schwacher. Ein Übersehener. Ich hoffe, noch lange nach Kohl zu stinken.

Cigare / Zigarre

Eine Geschichte von Nächten und Tropen. Eine Nacht, undurchdringlich wie Sauerteig und warm, mehr als warm, betörend: Die Nacht wird zum Kleidungsstück. Körper. Sie verhüllt den Untätigen, der durch die schlaflose Stadt irrt. Havanna, Trinidad, Santiago de Cuba. Städte der Nacht, Städte körperlicher Nächte, berieselt von Musik. Überall. Sie kommt, führt aus, umhüllt, magnetisiert, lädt ein und streichelt. Musik und Tanz, das Kleid der Musik, das in der kleinsten Bar Körper auf engstem Raum zusammenzufügen weiß. Man trinkt Mojitos und legt den Kopf in den Nacken. Man sucht die Sterne am Himmel, aber die Sterne sind hier bei uns, in den Augen, auf den Lippen, auf den schwarzen, vor Schweiß glänzenden Schultern, in den trockenen Kehlen, den Schenkeln, an die sich die feuchten Kleider drücken. Ich laufe durch die Straßen, berausche mich an Begegnungen, trinke im Stehen in lauten grünblauen Bars oder im Sitzen auf Kirchenstufen, lehne mich an den weißen Putz. Die kubanische Nacht riecht nach Rum, Schweiß und Zigarre, nach improvisierten Öfen aus Ölfässern, die zum Backen von Pizzaersatz ohne Tomaten und Oliven dienen. Mädchen, die ein wenig zu laut lachen, gehen vorbei, und der Rauch folgt ihnen aufgeregt, verführt sie mit seinem Duft nach gerösteten Kakaobohnen, lauwarmer Schokolade, feuchten, vom Feuer angesengten Blättern, altem Schnaps, in Edelhölzern sorgsam verwöhnt. Zigarren. Nächtliche Laternen, flüchtige Positionslampen für Seeleute ohne Boot, die den Fingern, die sie berühren, und den Lippen, die sie küssen, ihren länglichen Körper schenken, der zugleich fest und geschmeidig, warm und kühl, pflanzlich, lebendig und sterblich ist. Trinken, tanzen, rauchen, weitertrinken, weitertanzen und bis zum Morgen weiterrauchen, die weiße Glut eines lodernden Waldes, sich in einem Paradies aus Wolken einschließen, die mal nach Leder, mal nach Pelz duften, nach Frauen und nach Wölfen, nach Humus und getoastetem Brot; und wenn dann das Morgenlicht die Dunkelheit der Nacht verwässert wie ein Tropfen Lakritze ein ganzes Glas Milch, ans Meer hinuntergehen, das gegen die Kaimauern schlägt. Es mit geschlossenen Augen in sich aufnehmen, erschöpft, mit offenen Armen, hören, wie sein Puls an die Deiche pocht, und in das erste Lachen der Kinder einstimmen, die mit nackten Oberkörpern über den Strand rennen, um die ersten Fische zu fangen.

Cimetière / Friedhof

Auf der anderen Seite der Straße, gegenüber unserem Haus, erstreckt sich das Reich der Toten. Sie ruhen unter Platten aus Marmor oder Granit, aus hellem Kalk, den die Zeit und der Regen haben ergrauen lassen, oder in Grabhäusern, was für die Reichsten unter ihnen gilt, deren gefüllter Sparstrumpf sie vor der letzten Reise indes nicht bewahren konnte. Eine friedliche, horizontale und blumengeschmückte Nachbarschaft. Eine Miniaturstadt mit aufgerissenen, verfallenden oder kaputten Elendsvierteln und reichen Gegenden, gepflegt, beinahe schmuck, sowie zwei oder drei eleganten Avenuen, deren Kies würdevoll unter den Füßen knirscht. Darunter junge und alte Tote, bröckelnde oder auch frisch begrabene Gebeine in der aufgerissenen Erde, die lange brauchen wird, um unter den Blumengebinden, die die Verstorbenen nur wenige Tage überleben werden und ihrerseits zu verwelken beginnen, wieder zur Ruhe zu kommen. Ebenjener säuerliche Geruch pflanzlicher Zersetzung ist es, der mir wieder in den Sinn kommt, abgestandenes Blumenwasser, das in den Glas- oder Steinvasen eine trübgelbe Farbe angenommen hat, Berge welker Dahlien, verblühter Chrysanthemen, Begonien, Gladiolen, erschlaffter Margeriten, Tagetes und Lilien mit ihren stinkenden, von einer lauwarmen, klebrigen Masse überzogenen Stängeln, ihrer lebendigen, reinen Farben beraubt, wie junge Bräute am Tag nach der Hochzeit von einem flatterhaften Bräutigam, um künftig in einem Gemisch aus kaum zu unterscheidenden Farbtönen zu verschmelzen und ihre Unterschiede und ihre Beschaffenheit aufzugeben. Grüngutsammelstelle. So heißt ihre letzte Ruhestätte, nachdem die Angehörigen sie mit Bedauern von den Gräbern genommen haben, enttäuscht von ihrer mangelnden Contenance, um sie ohne Gewissensbisse in jenen viereckigen Betonbehälter zu werfen, der nun für sie zum Grab wird und in dem sie wie alle Sterbenden noch für kurze Zeit ihre Form zu wahren wissen, als Gebinde, zu dem man sie einst zusammengefügt hat. Bisweilen jedoch, weit weg von den abstoßenden Gerüchen pflanzlichen Sterbens, die in den Tiefen meiner Kehle eine unangenehm süßliche Flüssigkeit hochsteigen lassen, dringen zarte Duftnoten warmer Steine zu mir herauf, wenn auf dem Granit alter mit Moos überzogener Gräber ein paar Tropfen Wasser, kräftigen Sonnenstrahlen ausgesetzt, den Duft einer Waldquelle versprühen, und es genügt, die Augen zu schließen, schon verschwindet der Friedhof unter dem Laubdach eines himmlischen Waldes, in dem die Toten zu geruchlosen Geistern werden und ihre Leichen zu unvergänglichen Lichtstrahlen.

Coiffeur / Friseur

───

Der Salon des alten Hens liegt an der Ecke der Rue Jeanne d'Arc und des Chemin des Prisonniers. Der Weg dorthin führt mich durch die Rue Saint Don, der ich bis zur Kreuzung folge. Ich gehe ihn allein und reiche dem Friseur beim Betreten des Salons das noch warme Fünf-Franc-Stück, das meine Hand fest umschlossen hielt, aus Angst, es zu verlieren. Ich setze mich auf einen der vier Stühle und warte, bis ich an der Reihe bin. Der alte Hens raucht und tanzt beim Haareschneiden durch den Salon. Ein altersloser Mann im grauen Nylonkittel, klein, hager, mit silbernem nach hinten gelegtem Haar, das er häufig kämmt. Die Augen kneift er im Rauch der Gauloise, die immer in seinem rechten Mundwinkel steckt, permanent zusammen. Mit der Eleganz eines Boxers, dessen Stärke die Beinarbeit ist, tänzelt er um diejenigen herum, die er frisiert. Er redet viel mit den Männern im Salon. Etwas anderes gibt es für ihn nicht. Überwiegend Alte. Mich scheint er erst wahrzunehmen, wenn ich an der Reihe bin: «Du jetzt, Junge!» Ich darf mich auf den Drehstuhl setzen, den er mit dem Fuß, der ein hydraulisches Pedal bedient, wie eine Luftmatratze nach oben pumpt. Mit der theatralischen Geste eines Torero oder Zauberers drapiert er einen leichten Umhang um mich, unter dem ich bis auf Kopf und Hals verschwinde. Er beendet die Vorbereitungen, indem er von einer großen Rolle auf dem Frisiertisch einen Streifen weißen Kreppbands mit rosafarbenen Rippen löst, das er mir um den Hals wickelt, eine elastische Halskrause, weich und steif zugleich, die mein Kinn angenehm kitzelt. Eine halbe Stunde lang bin ich seiner Schere ausgeliefert, mit der er hier und da in die Luft schnippelt, als wollte er zur selben Zeit die durchsichtigen Strähnen verstrubbelter Geister schneiden. Der Rauch der Selbstgedrehten und der Fertigzigaretten, dicht und beißend, bildet eine bewegliche Decke, die sich im Einklang mit seinen Hüpfern verschiebt. Gern liefere ich mich ihm aus, wie ich mich auch heute noch bereitwillig den oft angenehm geschwätzigen Händen der Friseure, Masseure, Osteopathen, Fußpfleger und Krankengymnasten überlasse. Ich erkenne meinen Spatzenschädel, je mehr blond-braune Haare um mich herum zu Boden fallen. Der beste Moment steht mir noch bevor. Ist er mit Schneiden fertig, zerreißt der alte Hens das Kreppband, das mich kurzzeitig zum Höfling Karls des IX. erhoben hat, zerknüllt es in der Hand, wirft es in den Papierkorb und greift nach einem bauchigen Metallflakon mit langem, schmalem Schnabel, an dessen anderem Ende eine dicke rote, leicht poröse Gummibirne hängt. Munter hüpft er um mich herum und drückt auf die Birne, die aus dem Sprühkopf eine feuchtkalte Wolke schickt. Sie riecht nach Rosen und Brillantine und ein wenig auch nach altem Hund. Dieser mikroskopische Regen legt sich in winzigen, erfrischenden Tröpfchen auf mein kurzgeschorenes Haar, die Lider, die Stirn, den geschlossenen Mund, den Hals. Monatliche Laientaufe. Gut riechst du. Und gut siehst du aus, sagt meine Mutter, wenn ich nach Hause komme. Ich glaube ihr. Es gibt ein Alter, in dem man alles glaubt, was Mütter einem sagen.

Crème solaire / Sonnencreme

Meine Mutter fürchtet die Sonne wie einen kampfbereiten Feind, der niemals aus der Deckung kommt. Ich bin in der ständigen Angst erzogen worden, dass ein überhitzter Körper daran sterben kann, wenn man ihn abrupt in kaltes Wasser taucht. Auch in der Angst vor Verbrennungen, vor Hautschäden, die dem Körper unwiderruflich zusetzen. Ich muss bis zum späten Nachmittag warten, bevor ich zu meinen Freunden ins Schwimmbad darf. Eigentlich ist es eine einfache Badestelle in einem natürlichen Fließgewässer, wenn auch einem reichlich langsam fließenden, von torfbrauner Farbe, das von der Meurthe gespeist wird. Vor ein paar Jahrzehnten wurden oberhalb der Talsperre an einem ihrer Arme Betonwände eingezogen, sodass sich ein Becken gebildet hat. Am Ufer dienen eine Reihe fest installierter Kabinen als Umkleiden. Es gibt eine Kasse, an der man seine Eintrittskarte löst, Bademeister und vielleicht auch, das weiß ich nicht mehr, einen Erfrischungsstand. Hohe Bäume, Pappeln und Eschen, deren Wipfel mit lautem Rauschen den Himmel berühren, spenden überall Schatten. Ich trete ungeduldig von einem Bein aufs andere, es ist schon spät. Meine Mutter hat mich zu dem verhassten Mittagsschlaf gezwungen, doch ich habe kein Auge zugetan. Draußen warten der Juli, das Singen der Grillen und Heuschrecken, die Endlosigkeit der Ferien. Ich habe meine Badehose an, die sie mir bis zum Nabel hochzieht und die meine hagere Statur unterstreicht. Ich schlüpfe in meine Plastiksandalen. Aus einer orangefarbenen Sprühdose spritzt sie eine große weiße Perle auf ihre Hand, die die Konsistenz von Rasierschaum hat. Die Perle zerdrückt sie auf meiner Haut. Sie ist ganz zart. Meine Mutter verstreicht auf meinem ganzen Körper die Creme, die plötzlich unsichtbar geworden ist, sich wie durch ein Wunder aufgelöst hat. Ich lese das Etikett auf dem Fläschchen, *Ambre solaire*. Es klingt wie der Titel eines Gedichts, jener Gedichte, die ich jede Woche lernen muss und unter denen Namen wie Émile Verhaeren, Maurice Fombeure, José-Maria de Heredia und Paul-Jean Toulet stehen. Ich schließe die Augen. Atme tief ein. Die leicht ölige Substanz mit dem dezenten Moschusduft, dem Geruch türkischer Frauengemächer. Eine Verlängerung der Tageshitze, ein Hauch von Intimität, liebkosender Arme. Später werde ich die Badenden des guten Ingres kennenlernen und ihnen diesen Duft verleihen. Endlich bin ich fertig. Ich besteige mein Fahrrad. Düse los. Der Wind schnuppert an mir. Ich bin zehn Jahre alt. Im Hier und Jetzt zu leben ist ein grandioses Geschenk.

Deux temps / Zweitakter

Die Jugend ist mitunter nichts als Lärm und Rauch, keineswegs immer Lebenslust. Anfang der Siebziger zählt vor allem eins: knattern, dass es jeder hört. Graue oder blaue Mofas mit gefeilten Vergasern und abgenommenen Auspufftöpfen, mit den verfügbaren Mitteln frisiert, deren Lenker so gebogen sind, dass man die beiden Griffe fast in einer Hand halten kann, was jede Kurve gefährlich macht. Sitzbank für zwei, Fuchsschwanz über dem hinteren Schutzblech, Rückspiegel mit gedrilltem Gestänge. Kurzer Ständer, damit sich das Biest wie eine Harley neigt. Die besseren Modelle sind die aufs Wesentliche reduzierten Körper der Gitane Testi, Flandria und Malaguti, Minibolliden mit einem Hubraum von höchstens fünfzig Kubikzentimetern, deren Tank mit einem Zweitaktgemisch, halb Benzin, halb Öl, zu befüllen ist, einem großzügigen Doppelcocktail, das bei der Verbrennung nach überhitztem Bratfett riecht. Wir lieben die *baloches*, ländliche Tanzabende, bei denen Musiker mit Koteletten und Goldflitter von Städtchen zu Dorf ziehen und jeden Samstagabend auf einer Behelfsbühne das Standardrepertoire französischer Halbgötter des Rock 'n' Roll darbieten sowie die beeindruckende Vielfalt eines Drupi oder Mike Brant, bei der die Herzen der Mädchen und auch ihre Arme gefügiger werden. *Vado via. Laisse-moi t'aimer. Qui saura?* Wir, die wir noch im zarten Milchzahnalter stecken, sehen aus großer Entfernung zu. Der Tanzball nimmt vor unseren Augen Gestalt an, und schon fällt das Rudel frisierter Mopeds ein und jagt um sich herum eine Wolke aus Lärm und Motorrennen in die Luft. Die zwanzigjährigen Kerle haben halblanges Haar, Frisuren wie The Rubettes oder bestenfalls wie Bowie als Ziggy Stardust und Keith Richards zu den Zeiten von *Exile On Main Street*. Kurze Kunstlederjacken, hautenge Shetland-Pullis, die über dem Nabel enden, Schlaghosen, festgehalten von Gürteln mit großen Schnallen, bordeauxfarbene Schuhe mit runden Spitzen und hohen Absätzen, die man Derbys nennt. Die Mädchen im Minirock oder in Kartinghose steigen auf die kleinen Motorräder und zeigen ihre Beine. Sie tragen Stiefel, Satinblusen mit spitzen Kragen, grünen Lidschatten und viel Wimperntusche. Sie rauchen Fine 120 oder extralange Mentholzigaretten von Royale, ihre Typen lieber Gauloises. Am nächsten Tag erfahren wir aus der Zeitung, dass sich rivalisierende Banden vor dem Tanzboden oder vielleicht sogar darauf mit Springmessern, Äxten oder Fahrradketten bekämpft haben. Wir drücken uns in der Nähe herum, um auf dem Boden mögliche Blutspuren zu finden. Aber es riecht hier nur nach abgestandenem Bier, Urin und Kotze. Die Sommerabende bringen es mit sich, dass vor unserem Haus auf der Route de Sommerviller Motorräder vorbeirasen, hin und her, geräuschvolle Rennfahrten mit qualmendem Auspuff, dumme Nervenkitzel, die mehr als einen

Fahrer gegen eine unbeteiligte Platane krachen lassen oder unter die Räder eines Lkw katapultieren. Ich glaube, in den heißen Ausdünstungen der fiebrigen Motoren den Duft eines Erwachsenenlebens zu schnuppern, wie man dem Flackern der Morgendämmerung zu entnehmen versucht, was der Tag bringen mag. Ich warte voller Ungeduld darauf, eine dieser Maschinen zu besteigen und den Werkstattgeruch sowie den Wind in meinem Haar zu spüren. Bis heute kennt Dombasle diese Tradition aufheulender Maschinen, die in den Kurven, die sie mit Vollgas nehmen, das Knie der Fahrer über den Boden scheuernd, als wären sie beim Grand Prix, ihre von verbrennendem Öl blauen Abgase ausstoßen. Die Motorroller der Mädchen ersetzen die alten Kisten der Väter, die von ihren Glanz- und Prügelzeiten nur ein paar Narben von Messerstichen, Rehaugentattoos auf den Wangenknochen, drei fehlende Zähne, silberne Gliederarmbänder und unmögliche Stiefel übrig behalten haben. Der einst flache nackte Bauch wölbt sich unter der Joggingjacke. Sie schieben den Rasenmäher über den schmalen Streifen hinter dem Einfamilienhaus. Hin und wieder knien sie sich hin, um den Motor zu justieren, der spuckt und etwas zu viel Benzin verbraucht, dann zünden sie mit einem Schweißgerät den Grill an, legen aufgetaute Würstchen darauf und trinken ein oder zwei Bierchen, die sie im Billigsupermarkt gekauft haben. Ihre Frau setzt sich zu ihnen auf die Bank. Sie ist dick und trägt nicht selten den gleichen Jogginganzug wie ihr Mann. Früher sah sie aus wie Joëlle, die hübsche Sängerin der

Gruppe Il était une fois, die mit siebenundzwanzig Jahren gestorben ist. Tanzbälle gibt es schon lange nicht mehr, aber sie hören immer noch Johnny Hallyday. Manchmal sonntags, in den Reihen eines dörflichen Flohmarkts, zu dem sie hingehen, weil man ja etwas machen muss, stoßen sie auf eine Gitane Testi, die zwischen zwei Kisten mit alten Vinylplatten und zwei Armeeparkas auf dem Bürgersteig liegt und zum Verkauf angeboten wird. Sie bleiben stehen und betrachten sie. Sie kommt ihnen ziemlich klein vor. Sie hatten sie viel größer in Erinnerung. Genau wie das Leben.

Douches collectives / Gemeinschaftsduschen

Wenn ich an Fußball denke, überkommt mich die Erinnerung an Schmutz und Kälte. An Schlamm. Es sind unangenehme Erinnerungen. Lange Trainingseinheiten am Mittwoch unter rabenschwarzem Himmel, bei anhaltendem Regen, im Lärm und in den Rußfahnen der Züge, die unweit vom Fußballplatz vorbeifahren, im Dieselgeruch der roten und cremefarbenen Schienenbusse, unter dem Gebrüll unseres Trainers, eines kleinen stämmigen Mannes, der wie ein Foxterrier bellt und aus jedem seiner Spieler einen künftigen Gerd Müller, Paul Breitner, Johan Cruyff oder Dominique Bathenay machen will. Die Spiele finden samstags statt, aber ich spiele nicht mit. In meiner Eigenschaft als Ersatzspieler drücke ich die Reservebank, bereit, wie ein Wilder auf den Platz zu stürmen, weil ich den Lügen meines Trainers glaube, der sagt: «Claudel, dich halte ich als Reserve zurück, du bist mein letzter Trumpf!» Meine Kameraden rennen, schreien, hoffen, treten den Ball, schießen Tore, fallen sich in die Arme. Ich selbst bin draußen. Vergessen. Ignoriert. Der letzte Trumpf wird nie gespielt. Beim Feiern bin ich außen vor. Ich lege meine makellos sauberen Sportsachen zusammen und räume sie in die Tasche. Meine Mutter braucht sie nicht zu waschen. Sie freut sich am meisten. Ich tröste mich mit den Paninibildchen meiner Idole, die ich sammle. Klebebilder, die nach Plastik riechen. Zwei Saisons lang fehle ich bei keinem Training. Ich gebe alles. Befolge alle Anweisungen. Ich möchte glänzen, dem Trainer auffallen, um nur einmal zu der Mannschaftsaufstellung zu zählen, die Freitagabend für Samstag darauf in der Vitrine des Café Le Globe aushängt. Manchmal belohnt mich der Trainer mit einem Satz, «Heute hast du mich beeindruckt, Claudel!», was ich als Ermunterung auffasse, wobei er sich in Wahrheit über mich lustig macht, weil ich wieder einmal ein Eigentor geschossen habe. Oktober, November, Dezember, Januar, Februar, März: Der Platz wird zu einem Sumpf, und wir schieben den Ball vor uns her wie Zwangsarbeiter Schubkarren voller Schotter. Am Ende des Trainings sehen wir aus wie barbarische Götter, über und über mit Schlamm bespritzt. Die Umkleiden sind nicht beheizt. Die Stollen hallen auf dem Boden. Wir entledigen uns unserer schweren Klamotten, die einheitlich braun geworden sind. Wir stoßen kleine Atemwölkchen aus. Es riecht nach tierischem Fett, nach Kampfer, Menthol, Arnika und Beifuß. Wir alle reiben vor dem Spiel unsere Beinmuskeln mit Tigerbalsam ein, um sie warm zu kriegen. Wir verstehen unser eigenes Wort nicht mehr. Schreie, Gelächter, Geschubse, lustige Beleidigungen, Spaßkämpfe, Rülpser, Fürze, Spott. Alle nackt. Unterwegs in Richtung Duschen verdecken wir mit beiden Händen ein Geschlechtsteil, das noch keine rechte Form angenommen hat, eine lächerlich kleine, schüchterne, unbehaarte, verschämte

Nacktschnecke, während andere wie der junge Voiry entsprechend stolz schon wettbewerbsfähige Pimmel zur Schau stellen, lang wie Bananen, behaart, frech, spöttisch, sie nehmen sie in die Hand, zeigen sie allen, lassen sie kreisen. Das heiße Wasser kommt aus verrosteten Düsen. Die Wände sind aus Beton, der Boden aus Zement. Wir verschwinden im Nebel eines Hammams. Wir benutzen alle die gleiche Seife. Der Schaum läuft zwischen unseren Füßen hindurch. Plötzlich ist es warm, doch obwohl es jetzt sauber riecht, hängt der alte Geruch nach wie vor in der Luft, die wahre Duftmarke der Duschen, ein gedämpftes Aroma von feuchtkalt und Fliesen, von kränklichem, altem Gebäude, von Dichtungen, die von leprösem Schimmel und süßlichem Dampf befallen sind. Ich verstecke meine kleine Nudel, so gut es geht. Beim Einseifen träume ich vom nächsten Samstag. Der Trainer schickt mich auf den Platz. Es sind nur noch zehn Minuten zu spielen. Wir liegen 0 zu 6 zurück. Ich bin überall, verteile Bälle. Ich schlage entscheidende Pässe. Platziere großartige Kopfbälle. Nehme den Ball volley wie Jean-Michel Larqué. Dank meines Einsatzes verkürzen wir den Rückstand. Wir erzielen einen Treffer nach dem anderen. Das ganze Stadion schreit meinen Namen: «Claudel! Claudel!» Nach dem Abpfiff werde ich auf Schultern getragen. Der letzte Trumpf wurde endlich gespielt. Bald wird auch mein Foto auf einem Paninibildchen erscheinen.

Draps frais / Frische Bettwäsche

———

Am Sonntagabend bezieht meine Mutter die Betten mit frischen Laken, in denen sie tagsüber den Wind eingefangen hat. Ich liebe diese Laken über alles, vor allem im Winter, wenn der kalte Nordostwind sie steif geschlagen hat, sie zuweilen auch gefrieren ließ und sie sich von dieser Ohrfeige etwas wie auch immer geartetes Schneeiges und Eisiges bewahrt haben, was die körnig weiße Beschaffenheit des alten Tuchs noch rauer macht. Allein einzuschlafen hat mir noch nie gefallen. Schon als Kind habe ich mich nach einem anderen Körper gesehnt. Seiner Wärme, seiner Kraft, seiner Anmut, seinem warmen Atem und seinem pochenden Herzen. Beim Einschlafen fürchte ich oft das Schlimmste, nicht den Tod, sondern das Verlassensein, die unendliche Einsamkeit. Am nächsten Tag kehre ich zurück ins Internat in den riesigen Schlafsaal mit dem glänzenden Boden, Schränken aus billigem Holz und schmalen Betten. Einer der beiden Aufseher heißt Fiacre. Er terrorisiert mich. Er sei früher beim Militär gewesen, heißt es. Es heißt auch, dass er ein ausgewiesener Musikfreund sei und Geige spiele. Manchmal, wenn er betrunken ist, schlägt er mich und andere ohne Grund. Jeden Abend weine ich leise vor mich hin, verberge meine Tränen vor Kameraden und Erziehern. Vor Monsieur Fix und

Monsieur Bossu. Ich verzweifle an diesem Ort, der den Eiter unmenschlicher Freudlosigkeit absondert. In den frischen Bettlaken am Sonntagabend ist der Schlaf indes eine Wonne, denn ich tauche ein in die Nacht mit dem Duft einer unendlichen Weite, den der gespannte Stoff tagsüber in sich aufgenommen hat, und sobald ich mein Gesicht auf das Laken bette und das Licht der Nachttischlampe lösche, kommt es mir vor, als atmete ich die unermessliche preußische, russische, mandschurische, mongolische und sibirische Weite, verwoben und eingefangen für mein ganz persönliches Glück. Es ist nicht nur der Geruch frisch gewaschener, sauberer Wäsche, sondern der Duft einer ganzen Geographie, Erde und Wind, wild und ausgreifend, sich in einer Unendlichkeit von Märchen, Fabeln, Liedern, Bildern ausdehnend, die ich gelesen und betrachtet habe und die aus mir unterm Dach auf dem Weg in den Schlaf in diesem Bett mit den frischen Laken, denen meine Großmütter und Großtanten einst mit geduldigen Nadeln Blumen, Bögen und Arabesken beigefügt haben, einen himmlischen und unbeschwerten Reisenden machen, ein verletzliches Wesen, das sich für einen Moment umsorgt und glücklich fühlt.

Droguerie / Drogerie

───

Läuten wir ein für alle Mal die Totenglocke für die kleinen Kaufleute: Haushaltswarenläden, Kurzwarenhandlungen, Sattlereien, Obstgeschäfte, Kaldaunenläden, Fleischereien, Pferdemetzgereien, Lebensmittelgeschäfte, Samenhandlungen, Milchläden, Hutgeschäfte, Kramerläden, Strickwarenhandlungen, Schuster, Drogerien. Die Zeit schließt die Türen und nimmt die Schilder ab, ohne eine Todesanzeige zu veröffentlichen. Darum vergisst man auch, sein Beileid zu bekunden. Und wem auch? Es gibt nur wenige Tränen, wenig Trauer. Man freut sich, im Gegenteil, über die Konzentration verschiedenster Welten an einem geräuschvollen Ort. Bemerkenswerte Kuriosität unserer nomadenhaften Epoche: Ich lebe noch heute dort, wo ich geboren wurde. Die Stadt verändert ihre Größe nicht. In den verlassenen Räumlichkeiten mehren sich Friseursalons und Bankfilialen. Dabei weiß ich von Geisterläden hinter Fassaden, die weiterhin an eine magere Kundschaft verkaufen, deren Diskretion nur noch von ihrer Unsichtbarkeit übertroffen wird, Perlmuttknöpfe, Garn, Hanfsamen, Lederriemen, Schnur als Meterware, Bastfasern, lose Nägel, Pferdewurst, Mispeln, Kutteln und Sauger. Der Lärm der Straße verstummt, sobald man gewisse Türen öffnet. Eine heisere Türglocke lässt ihre Misstöne erklingen. Hinter dicken Brillengläsern mustert uns ein skeptischer Blick. Ein Drogist im weißen Kittel, streng und besorgt, der mit den größten Chemikern aller Zeiten verwandt sein muss, daran besteht kein Zweifel. Der Name des Geschäfts und der seines Inhabers katapultieren mich weit zurück in eine ferne Zeit, als Pharmazeuten noch Apotheker hießen. Die Drogerie ist ein Relikt. Der Drogist ein Überlebender dieser Zeit. Es ist der Ort der Sauberkeit schlechthin, an dem man Mittel findet für alles, was schmutzig werden kann: Haut, Holz, Eisen, Kupfer, Messing, Fliesen, Glas, und was verstopfen kann: Kanalisation, Abflüsse, WCs. Puder, Farben, Lösungsmittel, Nagellackentferner, Abbeizmittel, Seife, flüssig oder fest, Pflanzengift, Dünger, Unkrautvernichter, Entlaubungsmittel, Rattengift, Nitrate, Sulfate, Chlorate, Ätznatron, ungelöschten Kalk, Lacke, Putz, Teer, Kitt, nichts hier ist essbar, außer für jene Spieler, die freiwillig aus dem Rennen scheiden wollen. Nicht wenige Dosen und Flakons sind mit einem Totenkopf versehen. Der Drogist lebt gefährlich, der Kunde auch. Aus diesem ruhigen Labor kann plötzlich das Chaos kommen, die Explosion, die Vergiftung, der brutale wirksame und gewerbliche Tod, der Mord. Dabei wirken die Regale friedlich. Es herrscht Ordnung und auch Seriosität. Der Metzger hat das Recht zu scherzen, der Milchhändler ein Recht auf schlüpfrige Witze, der Fischhändler darauf, laut zu sprechen und eine moderne Melodie vor sich hin zu pfeifen. Der Drogist hingegen geht mit der Sprache um wie mit seinen Produkten. Er erhebt die Stimme nicht, er rüttelt nicht an den Worten. Er rüstet sich für eine Zeugenaussage vor Gericht. Es ist die Kirche eines anderen Ordens, ein unerbittliches Labor, in dem die Nase beim Kontakt mit den Ausdünstungen der Reinigungssubstanzen gereizt und von verführerischen Klebern und Lacken betört wird. Kitt riecht nach Butter, Salmiakgeist, ungewaschenen Geschlechtsteilen, Flüssigseife, ist cremig wie Tannenhonig, versteckt seine zähflüssige Beschaffenheit hinter Zitronenaromen. Wir hüllen uns in alltägliche Chemie, in die geballte Künstlichkeit der Puder und Flüssigkeiten, der gasförmigen und festen Stoffe, und so erwacht plötzlich das Gefühl, hier die Rückseite einer beunruhigenden, metallischen, unmenschlichen, von technischer Kälte geprägten Welt mit möglichen Ausrottungsbestrebungen zu erblicken.

Église / Kirche

Der Mensch ist stets auf der Suche nach Schlüsseln, auch wenn die passenden Schlösser fehlen. Ich habe Kirchen immer gemocht. Habe sie häufig aufgesucht in Zeiten, als ich noch an Gott geglaubt habe, aber auch heute, da ich ohne Glauben bin. Mir gefällt ihr sonderbares Diktat der Stille. Ihr Rückzug aus der Welt noch im Herzen der lautesten Stadt. Ihre Mauern sorgen für Distanz gegenüber der Zeit wie auch dem Irrsinn der Dinge und Menschen. Als Messdiener bin ich überwältigt vom *Theater der heiligen Messe*, wie Jean Giono es nennt, atme das heiße Wachs ein, das als Träne an den großen Kerzen hinunterläuft, die von den silbernen Händen der Kerzenleuchter gehalten werden; ich atme die Weihrauchschwaden ein, beißend, dicht, gewunden, wenn sie dem Weihrauchfass entweichen wie die sichtbar gewordene Seele des Teufels, geopfert und besänftigt, die anschließend in zaghaftem Nebel nach oben steigt, um die Undurchdringlichkeit der Kirchenfenster zu prüfen. Alben, Soutanen, Stolen, Skapuliere, Spitzen, Zingula aus Satin oder dicker Kordel. Die gestärkten Kleider hängen zur Aufbewahrung in einem hohen Schrank in der Sakristei, der mit Politur zum Glänzen gebracht wird und nach Kölnischwasser oder Lavendel riecht. Der Stoff nimmt die Gerüche an. Unter dem schmallippigen Elsterblick unseres Feldwebels, der Betschwester Mutter Julia, schlüpfen wir schweigend hinein. Kerzen, Möbelpolitur, Weihrauch, schlichter Stoff, von frommen Händen gewebt, Steinfliesen, von knienden Frauen zwischen zwei «Vaterunsern» gründlich geschrubbt, die Weinfahne des Priesters nach der Eucharistie und vor allem der jahrhundertealte Glaube von Millionen Menschen, der diesen ganz besonderen Geruch der Frömmigkeit ausschwitzt, hartnäckig, intensiv, unauslöschbar. Der Geruch dieses unerschütterlichen Glaubens an eine wunderbare Täuschung, die seit zweitausend Jahren anhält, hat vielen Menschen Kraft gegeben, viele andere das Leben gekostet.

Enfant qui dort / Schlafendes Kind

Nichts kann uns eindrücklicher zeigen, was wir sind und was wir waren, als der Duft der Haut eines schlafenden Kindes, das mit halb offenem Mund in seinem Bettchen liegt, ohne Angst, ohne Furcht, ohne zu zittern, weil es uns um sich weiß, ganz nah, bereit, alles Finstere zu verscheuchen, es aufzulösen oder zu leugnen, je nachdem. Als meine Tochter ganz klein ist, trete ich gelegentlich zu ihr ins Zimmer, weil ich ein Stöhnen oder Weinen vernommen zu haben glaube, und die Vorstellung, sie könnte leiden, selbst in einem Traum, ist mir so unerträglich, dass ich meine fragile väterliche Nacht verlasse und zu ihr eile. Sie schläft stets auf dem Rücken, die Arme abgespreizt, die winzigen geöffneten Händchen auf beiden Seiten neben dem kleinen Gesicht, Pausbäckchen und lange Wimpern wie zarte hauchdünne Fensterläden, die ihre hübschen, nun unsichtbaren Augen bedecken. Ich bleibe lange stehen und betrachte sie wie ein Wunder, an das man nicht recht glauben kann, das man im Grunde nicht einmal für real hält und durch irgendwelche Bande mit uns verbunden, die nichts jemals wird durchtrennen können, nicht einmal der Tod, der doch so vieles kann. Im Halbdunkel sehe ich, wie sich ihr kleiner Brustkorb friedlich hebt und ebenso friedlich wieder senkt, um sich von neuem zu heben, und ich vermag mich von dieser Bewegung nicht zu lösen, die das Leben und seine Hoffnungen, seine Zerbrechlichkeit zeigt. Ich lege einen Finger auf eins ihrer Händchen. Berühre ihre Wangen, ihre Stirn, ihr zartes schwarzes Haar, seidig und warm, und ich beuge mich zu ihr hinunter, um lautlos ihren Hals zu küssen. So als beugte ich mich über das nackte Kind in dem wunderschönen Gemälde von Gustav Klimt *Die drei Lebensalter der Frau*, das auf der ebenfalls nackten Mutter liegt und schläft, ein Bild, das einen Moment alltäglicher Intimität einfängt, einer hochentwickelten, fruchtbaren Menschheit, Gemälde einer zarten Innigkeit von Haut und Schweiß, von Vertrauen in den sorglosesten Schlaf, jenen, in dem uns *nichts* passieren kann. Als fiele man in den natürlichsten aller Gerüche, den des Lebens in seinem ersten Stadium, wenn es noch ganz weich ist und sich von Liebkosungen und Milch ernährt, den von Lächeln und Abzählreimen, wachsamen, beruhigenden, schützenden Händen. Den Geruch der ersten Tage, nach zarter Haut, nach Cremes und Pudern. Den Geruch dieser frühesten beschützten Kindheit, zart und plappernd, ruhig und gelassen, die uns, leider, allzu rasch entgleitet, wenn wir uns aufmachen, uns aufrichten, allein loslaufen und am Ende nichts mehr bleibt von dem, was wir einst waren, schwache Geschöpfe, die sich voller Hingabe und Vertrauen in den Armen und dem Lächeln derjenigen wiegen, die uns geboren haben.

Étable / Stall

Wir leben in einer Gemeinschaft mit den Tieren: mit Hasen, Hühnern, Enten, Katzen, Hunden, Gänsen, auch Truthähnen, in den Gärten der Häuser, in Höfen, in Küchen, wo Küken und Entenjunge geborgen sind. Und etwas weiter weg, aber doch ganz nah, Kühe, Schweine, Pferde, Mutterschafe und Lämmer, Ziegen, Esel, Maultiere, Maulesel, Bullen und Ochsen auf den Feldern und Bauernhöfen. Die Höfe. Nicht weit weg liegt der Hof der Poulets, in der Rue Mathieu. Dann kommen die anderen, kaum weiter entfernt, der Guillaumonts, Roussels, Dehans, in dieser kleinen Stadt, innerhalb ihrer Grenzen, mit ihr vermengt. Die Straßen sind hie und da mit Kuhfladen und Pferdeäpfeln garniert, die rasch aufgelesen und unter Hortensien oder Rosenstöcken verteilt werden. Die Herden ziehen vorbei. Ein großes Schauspiel seit Menschengedenken. In den umliegenden Dörfern, Sommerviller, Flainval, Bauzemont, Crévic, Maixe, Haraucourt, haben es die Tiere bequem. Vor den Häusern findet man noch immer große Misthaufen. Das Vermögen der Besitzer bemisst sich nach der Menge des Dungs. Der Geruch von Stroh und Exkrementen kündet von Wohlstand und Reichtum. Menschen und Tiere gemeinsam. Sie ernähren sich. Sie kennen sich. Die Milch, die getrunken wird, kommt aus Eutern, die man sehen, riechen, berühren kann. Stalltüren sind für mich wie Kirchentüren: Sie öffnen sich zu einem Mysterium und einer Stille, die von atmenden Geschöpfen und langsamen Bewegungen kaum gestört wird, Weihrauchzauber hier, gesättigtes Wiederkäuen da. Eine Andacht. Im Schatten erfolgt die Eucharistie. Krippenduft und der leicht säuerliche Geruch des Neugeborenen wird vom Atem des wohlwollenden Esels und des Rinds versüßt. Weiter hinten im Stall sieht man nur die Hinterteile der Tiere, ihre Schwänze, die in ruhigem Rhythmus schlagen, ihre langen über den Wirbeln gespannten Rücken, ihre schweren Flanken wie gemächliche Boote. Hin und wieder bewegen sie sich und senden etwas Warmes aus, das nach Bauch, saurer Milch, Kuhfladen und zerkautem Heu riecht, ein angenehmer Geruch, der etwas Lebendiges und Müdes ausstrahlt, Ruhe und Molke, schmutziges Fell und Speichel. Fliegen kommen ungebeten herein, stören ungeniert, summen um die Tiere herum, erregt von ihrem Schweiß, heften sich anschließend wie benommen an die Decke. Eine Katze wagt sich miauend vor und schleckt mit ihrer feinen rosa Zunge etwas Milch aus einer Ritze in dem gestampften Boden. Es ist eine jahrtausendealte Szenerie mit ihren Gerüchen, die der Betrachter in sich aufnimmt. Als wäre die Menschheit jäh erstarrt. Wir schließen die Augen und werden zu dem uralten Volk in Mesopotamien, am Nil oder in Attika.

Éther / Äther

Mit ihm bringt man kleine Kätzchen um und betäubt kleine Kinder. Hinter dem unbeschwert klingenden Namen verbirgt sich ein unsensibler Schuft, hinter der himmlischen Poesie ein Mörder. Ich bin fünf Jahre alt. Ich gehe an der Hand meiner Mutter durch die Flure im Zentralkrankenhaus von Nancy. Wir begegnen Krankenschwestern und Nonnen. Mitunter gibt eine offene Tür den Blick auf ein Gemeinschaftszimmer frei, in dem Menschen liegen, deren bandagierte Gliedmaßen in bizarren Foltergestellen hängen. Ein Röcheln. Ein übler Geruch nach Salbe und fauliger Haut. Eine Frau wischt auf Knien die beigeschwarzen Fliesen. Javellauge. Ich sehe sie viele Jahre später in einem Gemälde von Cézanne. Wir weichen ihr aus, als spielten wir Himmel und Hölle. Bekommen ein Zimmer zugewiesen. Zwei Betten nebeneinander. Ich werde neben meiner Mutter schlafen. Was für ein Glück. Am Abend kommen Männer in weißen Kitteln. Einer, der älter und größer ist als die anderen, ein Birnengesicht, Ludwig XIV., umringt von seinem ehrfürchtigen Hofstaat, befühlt meinen Hals, lässt mich den Mund öffnen, die Zunge herausstrecken, wendet sich mit komplizierten Wörtern an die gebeugten Untertanen, die sich um ihn scharen. Ich sitze auf der Bettkante, lasse die Füße baumeln. Er tätschelt mir die Wange und sagt, ich würde nichts spüren. Am Morgen bekomme ich kein Frühstück. Man trennt mich von meiner Mutter. Auf einem Bett mit Rollen werde ich durch die langen Flure geschoben, schaue zur Decke. Plötzlich wird mir kalt. Unerbittliche runde Lichter blenden mich wie arktische Sonnen, und Menschen mit maskierten Gesichtern, weiße Gangster mit Kopfbedeckung, machen sich an seltsamen Apparaten zu schaffen und polieren Instrumente aus Stahl. Ich erkenne die Stimme Ludwigs XIV., die noch einmal zu mir sagt, dass ich nichts spüren würde und dass ich ein großer Junge wäre. Doppelte Lüge. Ein anderer Lügner nähert sich, hält eine Eisenmaske in der Hand. Er sagt zu mir, ich würde ganz ruhig einschlafen. Ich will nicht einschlafen. Ein weiterer Verräter gesellt sich zu ihm und hält mich fest. Die Eisenmaske bedeckt mein Gesicht und zerrt mich weg aus dieser Welt. Ein ekelhafter Gummigeruch dringt mir in Mund und Nase, gefolgt alsbald von Ätherdämpfen, deren heftige chemische und eiskalte Existenz ich nun kennenlerne. Ich werde zum Kätzchen. Man will mich den anderen Kätzchen des Wurfs entreißen. Ich wehre mich. Ich rufe nach meiner Mutter. Meine tränenerstickte Stimme stößt an die Wand der Maske. Es folgen Ekel, große Leere und Nacht. Seit diesem Moment weiß ich, dass der Tod nach Äther riecht. Und ich übe fortan, so lange wie möglich die Luft anzuhalten.

Feu de camp / Lagerfeuer

———

Wir werden in Mannschaften eingeteilt, tragen Uniformen und hissen jeden Morgen die Flaggen. Kurze Hosen, stets zu weit, kurzärmelige hellblaue Hemden, zur Krawatte gebundene Tücher, die je nach Alter variieren. Unsere Schlafräume sind ehemalige Baracken, in denen die Überlebenden aus dem Dorf Martincourt untergekommen waren, nachdem die Deutschen ihre Häuser zerstört hatten. Morgens widmen wir uns Aktivitäten wie töpfern, emaillieren, flechten, Kometen basteln, Brandmalerei, modellieren, Kartoffelstempel herstellen, Makramee. Zum Mittagessen gibt es fettige Pommes, verkochte Nudeln, zähe Steaks und Bohnen, die zu lange im Wasser waren. Der Mittagsschlaf ist obligatorisch. Wir geben vor zu schlafen. Die Betreuer flüstern in den Gängen. Dann folgt eine Wanderung, hintereinander im Gänsemarsch oder in Zweierreihen, Taschentücher mit Knoten an den Spitzen dienen uns als Kopfbedeckung, am Gürtel hängt eine Trinkflasche aus Weißblech. Wir machen lange Touren. Wir picknicken am Wegrand inmitten von Klatschmohn und Kornblumen, auf einer Lichtung, an einem Bach oder auf einem Dorfplatz im Schatten stattlicher Linden. Wir essen Brot mit Marmelade, Kompott, Schmelzkäse, Schokolade, klumpig und hart, kleine Riegel, die bitter schmecken. Wir verscheuchen die Wespen und trinken Pfefferminz- oder Lakritzsirup. Zweimal pro Woche findet ein Turnier statt. Die Mannschaften denken sich Tiernamen aus, es gibt die Biber, die Fischotter, die Bären, die Wölfe, die Füchse. Wir machen eine Schnitzeljagd in den Wäldern von Saint-Jean, an der Furt des Esch, sammeln Wimpel, lösen Rätsel. Am Abend sitzen wir in gemütlicher Runde beisammen. Ein Betreuer spielt Gitarre, ein anderer Mundharmonika. Wir singen *Jolie bouteille sacrée bouteille, Santiano, Donne du rhum à ton homme*. Manche denken sich Sketche aus, in denen der Leiter des Camps oder die Krankenschwester durch den Kakao gezogen werden. Andere albern herum, zeigen Zauberkunststücke, erzählen Horrorgeschichten. Wir singen noch ein letztes Lied, *Vent frais, vent du matin*, um zur Ruhe zu kommen, und begeben uns leise in unsere Schlafsäle. Gedämpftes Licht. Alle im Bett. Nacht. Endlich kann ich weinen. Denn diese Kinderfreizeiten, die einen ganzen Monat dauern und an denen ich im Alter zwischen vier und dreizehn jedes Jahr teilnehme, machen mich unglücklich, genau wie später die ersten Jahre im Internat. Die Zeit will nicht vergehen. Sie ist ein unerbittlicher Bleiklumpen. Meine Mutter fehlt mir sehr. Ich verstehe nicht, warum sie mich wegschickt. Ich habe es bis heute nicht verstanden und nie gewagt, sie danach zu fragen. Aber mitten in diesem Desaster, diesem Straflager gibt es etwas Wunderbares: das Lagerfeuer. Während des gesamten Aufenthalts bauen wir an dem Scheiterhaufen. Er wird zu einer Uhr ohne Zeiger. Wir nehmen alles, was wir kriegen können und was aus Holz ist, ausgediente Dielen, trockene Ginsterzweige, alte Stöcke, Paletten, totes, im Wald aufgelesenes Holz, wurmstichige Balken, die uns die Dorfbewohner überlassen, zerkleinerte Kisten. Das Bauwerk klettert mit der Zeit in den Himmel, wird zu einem bunten Turm zu Babel, dessen Errichtung wir fieberhaft verfolgen. Als der herbeigesehnte Abend endlich kommt, sind wir aufgeregt und ergriffen zugleich. Wir essen schweigend, begeben uns sodann gruppenweise gemessenen Schrittes zu dem Scheiterhaufen und nehmen drum herum Platz, setzen uns im Schneidersitz ins Gras, das die einsetzende Dunkelheit «mit kühlen Perlen benetzt hat», wie André Hardellet es ausgedrückt hätte. Wir warten noch, bis sich der helle Streifen Dämmerlicht im Westen verzieht, und als die Dunkelheit endlich da ist, zündet einer der Betreuer eine Fackel an, die mit pechgetränktem Stoff umwickelt ist. Sobald wilde Flammen an ihr züngeln, wirft er sie auf den Scheiterhaufen, auf jenen riesigen Kegel, der von unten bis oben Feuer fängt und seine rostroten und zitronengelben Flammen in den dunklen Himmel schickt. Ich könnte Stunden vor dem Feuer verharren, mich von ihm wärmen und packen und meine Haut, meine Kleider und meine Haare von seinem knisternden Geruch nach verbranntem Holz durchdringen lassen, seinem Einsturz beiwohnen, der plötzlich rote, goldene und hellgelbe Partikel in die Luft jagt und einen apokalyptischen Funkenregen entstehen lässt, wie ich ihn später in den Gemälden von Monsù Desiderio entdecke. Auch scheint mir, dass mich der Duft dieses riesigen Feuers, seine entsetzliche Hitze und seine Innereien aus Glut mit der Verzückung der ersten Menschen verbinden, die mit seiner Hilfe Tiere und die Nacht vertreiben konnten, ihre Nahrung erhitzen, die Kälte fernhalten, die Spitzen ihrer Waffen härten. Plötzlich fühle ich mich unter den Sternen, zu denen glimmenden Insekten gleich rote Glühfäden hinaufsteigen, als Teil einer archaischen Gemeinschaft. Das große Feuer tanzt und windet sich für mich. Am nächsten Tag haftet meinem Körper ein wilder Geruch nach Rauch, beißender Glut und heißer Asche an, und ich werde ihn noch lange begierig in mich aufnehmen, wie ein Tier die Hoffnung auf neue Beute wittert.

Foin / Heu

Man berauscht sich an dem Goldgelb. Denn es kommt vor, dass Gerüche eine Farbe annehmen. Und Formen. Heu, das auf der Erde liegt, Schwaden, Haufen, Garben, Bündel, Ballen, kompakte Walzen, wie von einem Raumschiff abgelegt. Unter der beständig scheinenden Sonne wird die Feuchtigkeit von Stunde zu Stunde vertrieben. Ein Ofen unter freiem Himmel, der auf kleiner Flamme kocht, ohne dass etwas verbrennt. Man entnimmt den Verlauf der Sonne den sich verschiebenden Schatten, die Monet wie schwarze Schächte an die widerspenstigen Seiten seiner Strohbündel fügt. Mechanische, rotierende Bewegungen, wenn sich die metallenen Zacken der Heuwender mit gutmütigem Schnurren um die eigene Achse drehen und das Heu durch die Luft fliegt, gedreht wird und sich erneut auf die Erde legt, wo die Eingänge zu den Behausungen der Heuschrecken und Maulwurfsgrillen plötzlich offen daliegen, ebenso wie das Straßennetz der Schermaus. Menschliche Bewegungen indes, wenn das Feld zu abschüssig ist oder zu schmal für einen Traktor. Dann holt man den guten alten Holzrechen heraus, der mit seinen groben Zinken leicht in der Hand liegt. Man schüttelt das Gras, das bereits nach einem Tag in der Hitze die Farbe gewechselt hat, von Grün zu Bronze. Toupiert es wie einen riesigen Haarschopf. Lerchen prahlen am Himmel, die Luft ist vom Juni ganz blau. Bisweilen legt man sich mitten ins Heu, um sich auszuruhen, um einen geliebten Menschen zu küssen im Duft eines wunderschönen Todeskampfs von Saatkörnern und von Staub, zu dem manch empfindliche Gräser bereits verfallen sind, wie das Zittergras, das zu den Süßgräsern gehört und sich an unseren Schweiß heftet. Sich niederlassen, um in den unendlich großen pflanzlichen Laken zu schlafen, die weich und piksig sind, während man darauf wartet, sie zusammenzulegen, aufzuladen und die Heuböden und Scheunen bis unter die Decke zu füllen. Die Bewegungen der Männer im vogesischen Ménil-sur-Belvitte, mein Vater mittendrin, die mit den Zinken einer Gabel ein Bündel aufspießen und es scheinbar mühelos aufrichten, indem sie mit gestreckten Armen den Stiel nach oben schwingen, bis derjenige, der auf dem fast voll beladenen Wagen steht, es in Empfang nehmen und ablegen kann. Sich später in den weniger gnädigen Monaten wie ein Dieb in den riesigen, bisweilen doppelstöckigen Heuboden eines Bauernhofs wagen, der einzig und allein von jenem Licht erhellt wird, das durch die Ritzen zwischen den Ziegeln dringt. Dort erneut das gefangene Goldgelb erleben. Auf den höchsten Balken klettern und sich in den Heuhaufen werfen, der einen umfängt wie eine große warme Hand, während der dicke kastrierte Kater, den man aufgescheucht hat, in drei Sätzen fort ist. In dem feinen Pulverstaub, den das Heu in der Luft und auf den dicken durchbrochenen Planken der Scheunen hinterlässt, mache ich mit etwa elf Jahren eine Entdeckung. Und zwar in dem wunderschönen Défilé de Straiture, das wie ein Tiroler Tal anmutet und Fraize mit Gérardmer verbindet. Während einer mehrtägigen Wanderung übernachten wir, wo wir gerade sind, und bitten Bauern um eine Unterkunft. Mit Kameraden im Heu schlafen, als einzige Decke das leicht teilbare trockene Gras mit seinem Duft nach frischer, ruhiger Luft, sich darin ein Nest bauen wie in einer sauberen Kuhle und bereitwillig in seinem unendlichen Bauch ertrinken. Ein paar Stunden später schon bin ich wieder auf den Beinen, ich ersticke in der kalten Nacht, unter den hochmütigen Blicken des Beteigeuze und der Wega der Leier. Meine Lungen scheinen sich aufgelöst zu haben. Ich schnappe nach Luft, kann sie aber nicht einatmen. Ich bin ein Fisch, der ans Ufer geworfen wurde. Ersticke. Ich werde sterben. Es ist, ohne dass ich es damals ahne, die erste Manifestation eines Asthmaleidens, das ich nie mehr loswerden soll, eines lästigen Lebensgefährten und unvorhersehbaren Folterknechts, dem ich nach heftigen Anfällen lange friedliche Zeiten verdanke, ans Bett gefesselt, erschöpft, gerädert, weit weg von anderen, in denen das Lesen und Schreiben trotz allem einen Grad an Freude erreicht, die einer zerbrechlichen und wundersamen Form der Rückkehr ins Leben gleicht.

Fumier / Dunghaufen

───

Die Erde verlangt nach Nahrung, wenn sie ihrerseits Nahrung spenden soll. Alle zwei Jahre im März kauft mein Vater bei Robert Domgin, einem Bauern aus Sommerviller, eine Karrenladung Dung. Dieser liefert den Dung persönlich an und kippt ihn auf die Böschung neben unserem Haus. Die schwarze Lawine rutscht mit einem Geräusch wie raschelnde Seide nach unten und bleibt dampfend liegen. Tagelang wird unser Haus vom Geruch nach tierischem Urin und Exkrementen sowie nach vergorenem Stroh erfüllt. Hier liegen nun die Früchte des Unterleibs einer Herde, die den ganzen Winter im Stall gestanden hat. Die kühlen Tage und noch kühleren Nächte krönen die warmen Berge mit unbekümmerten Fumarolen, als loderte dort ein scheues und heimtückisches inneres Feuer, ohne jemals die kleinste Flamme sichtbar werden zu lassen. Ich mache die Fenster weit auf, damit der kräftige Geruch in alle Zimmer dringt. Es kommt mir vor, als erzählte er von meinen Vorfahren, die meisten von ihnen Bauern aus Lothringen und Morvan. Mein Vater gräbt. Ich trage Eimer, rolle die Schubkarre zu ihm hin. Der Haufen schrumpft. Ich bin völlig erledigt, aber auch stolz. Gabel für Gabel verlagert sich der Dunghaufen auf die offene Erde, in der fette Regenwürmer, die erbarmungslos aus ihrer düsteren Bleibe gerissen werden, die Ringe ihrer rosafarbenen Körper entfalten, um zu fliehen. Mein Vater schüttet das Loch zu. Von dem Dung bleiben nur mehr verrottete gelbliche Strohhalme zurück, die hier und da wie kräftige strohblonde Haare aus dem aufgewühlten Boden ragen. Die kalte Erde mit ihrer kompakten Feuchtigkeit und ihrer erdrückenden Schwärze nimmt den organischen Stoff in sich auf und verschluckt ihn. Beide Gerüche vermischen sich und heben sich gegenseitig auf. Der Dampf erstirbt. Wir stehen auf einem Bauch, der geräuschlos eine beachtliche Mahlzeit verdaut. Und während ich meinem Vater ein großes kariertes Taschentuch reiche, damit er sich die Stirn abwischen kann, und ich die männliche Komplizenschaft genieße, die uns in solchen Momenten verbindet, würde es mich keinesfalls wundern, ein tiefes unterirdisches Rülpsen zu vernehmen, als wollten sich kotfressende und satte Erdgötter bei uns bedanken.

Gauloises et Gitanes / Gauloises und Gitanes

Man ist entweder der Typ Gauloises oder Gitanes. Wie man entweder der Typ RTL ist oder Europe 1, Peugeot oder Citroën, Pernod oder Ricard. Die ganz Alten rauchen hellen Tabak, die weniger Alten dunklen und wir anderen, die Kinder, getrocknete Eberesche, die wir *Rauchholz* nennen und die uns einen geradezu außergewöhnlichen Durchfall beschert. Mein Onkel Dédé raucht Gauloises. Er arbeitet im Salzbergwerk von Varangéville. Wir sagen nur «in der Saline», und alle wissen Bescheid. Der Beruf fasziniert mich, weil er unterirdisch ausgeübt wird. «Genau hier», sagt mein Onkel eines Tages und zeigt mit den Fingern, die eine glimmende Zigarette halten, auf den Boden unter meinen Füßen. Jemandem, der schon so ausgiebig mit Mythologie gefüttert wurde wie ich, genügt es, mit Männern aus der eigenen Familie, aus der Straße oder der Nachbarschaft in Berührung zu kommen, die sich jeden Tag in die Hölle begeben, um sie mit einem Nimbus heiliger Bedeutsamkeit auszustatten. Onkel Dédé raucht wie ein Schlot, so wie es sich für einen Bergarbeiter geziemt. Ich kenne ihn seit jeher mit einem Päckchen Gauloises in der Tasche oder in der Hand, einer Zigarette im Mund und einem festsitzenden tiefen Husten; und das kleine Häuschen mit der Nummer 34 in der

Rue Louis Burtin – ehemals Rue des Écoles –, das er mit Tante Jeanine bewohnt, bewahrt Tag und Nacht die Erinnerung an den beißenden, ätzenden braunen Tabak: Möbel, Teppichböden, Vorhänge, Kleider, Haare, Atem, Haut, alles trägt den Gauloises-Geruch in sich. Ich mag den Geruch, weil ich diejenigen mag, die ihn an sich haben. Meine Mutter reißt die Fenster sperrangelweit auf, sobald mein Onkel und meine Tante gegangen sind, nachdem sie zum Aperitif vorbeigeschaut haben. Der Aschenbecher ist voll und das Wohnzimmer von dem Qualm vernebelt, der sich breitgemacht hat und nicht weichen will. Ich wünsche mir, dass die Seele der Gauloises noch lange bei uns verweilt, weil sie dem Geruch unseres Hauses mit Verachtung begegnet, sich mit ihrer Fremdartigkeit aufdrängt und mich an die Momente erinnert, in denen uns der Dicke und die Ente – das sind die Spitznamen für meinen Onkel und meine Tante – besuchen und den routinierten Ablauf des Alltags unterbrechen, der mir mitunter allzu geregelt vorkommt. Die Männer dieser Generation nehmen ungewollt an einem Feldversuch teil: Unverdrossen teeren sie sich die Lungen, ohne zu murren, ohne das weiche blaue Päckchen mit dem Emblem des gallischen Flügelhelms aus der Hand zu legen, während sie bei der Arbeit zugleich hochgiftigen Substanzen und Gasen ausgesetzt sind, meist ohne darüber informiert worden zu sein. Versuchskaninchen, die man ans Messer liefert, was keine Übertreibung ist. Der Gitanes-Raucher unterscheidet sich vom Gauloises-Raucher. Meist gehört er nicht zur gleichen sozialen Schicht. Proletarier kaufen Letztere. Führungskräfte, mittlere Angestellte, Vorarbeiter, Grundschullehrer und Ingenieure genießen Erstere, deren Tabak, ebenfalls braun, einen Rauch erzeugt, der mir härter, aggressiver, weniger lässig, engstirniger und etwas trocken vorkommt, nahezu hochmütig, angesichts der ausgeprägten Gutmütigkeit des groben und sympathisch flegelhaften Wesens der Gauloises. Die Schachtel aus fester Pappe, rechteckig, mehr breit als hoch bei den Gitanes. Ein weiches Päckchen, hochkant, bei den Gauloises. Abbé Thouvenin raucht Gitanes. Ein oder zwei Päckchen am Tag. Genau wie der Curé Bastien und der Abbé Silvy-Leligois. Die Gitanes gehören zum Priestertum. Sie sind eine Verlängerung des Weihrauchzaubers. Ich mag diese Priester. Vor allem den Abbé Thouvenin. Ich habe großen Respekt vor ihm. Er ist erfüllt von seinem Glauben, aber er macht nicht viel Aufhebens davon. Er spielt Gitarre. Er ist jung. Er ist hager. Er ist unkompliziert. Er ist arm. Er lächelt selten, immer etwas traurig. Ich denke noch oft an ihn, auch wenn ich ihn 1975 zuletzt gesehen habe. Wie ich vor ein paar Jahren einem kurzen Nachruf im *L'Est républicain* entnommen habe, raucht er seine Gitanes nun an der Seite Gottes.

Goudron / Asphalt

In den dehnbaren Stunden des Sommers reißt die Sonne aus dem Asphalt der schmalen von reifem Korn gesäumten Straßen glänzende und schmierige ölschwarze Stücke, die an den Reifen der Autos und Fahrräder sowie an den Schuhsohlen des Wanderers kleben bleiben. Es riecht nach zerstoßenen Steinen und Schwarzpulver, nach einem Pech-Kampfer-Gemisch und einer ausgefallenen Jodtinktur, in dieser Gegend weit weg vom Meer, wenn man von jenem absieht, das vor Millionen von Jahren alles hier bedeckt hat, Senken und Täler, und von dem nur Muscheln geblieben sind, zu schwerem, sprödem Gestein geworden, das die Pflugscharen mit ihren unsichtbaren Schleppnetzen an die Oberfläche holen. Endlose Nachmittage zwischen Haraucourt, Buissoncourt, Réméréville und Courbesseaux, auf meinen selbstgewählten Spaziergängen. Glücklich. Oder als Kind auf einer Wanderfreizeit, diszipliniert im Gänsemarsch auf den Straßen von Martincourt, Gézoncourt, Mamey, Rogéville, Arnould, Corcieux, mechanisch die alten albernen Lieder wiederholend, die von Nudeln, Holzbeinen und vom richtigen Wandern erzählen. Der Asphalt schwitzt vor Hitze, während die Grillen und Heuschrecken ihre Flügel stimmen. Zwischen den Wolken mit ihren weißen, runden Bäuchen antworten ihnen die Lerchen. Man ertappt sich dabei, wie man von einer plätschernden Quelle träumt. Man ahnt die Wälder in der Ferne, die an große blaue Schafe erinnern, sie haben sich bei Saint-Jean auf die Seite gelegt. Man atmet die Luft in vollen Zügen ein. Hin und wieder bleibt eine Wespe, die von einem Windstoß nach unten gedrückt wird, in den blubbernden Lachen der schmelzenden Straße haften. Sie stirbt allein, bemüht sich nicht einmal, sich aus der Falle zu befreien, die ihr zum Verhängnis wird. In den Kirchtürmen der Dörfer, die in der flimmernden Hitze größer wirken, schlägt es drei Uhr, und das bronzene Echo verliert sich träge in einem teilnahmslosen Himmel. Asphalt gibt es auch in Eisenfässern. Er ist flüssig. Er wartet darauf, dass die algerischen oder portugiesischen Arbeiter große Eimer damit füllen, um die Spurrillen der Straßen auszubessern. Die Fässer lagern neben unserer Volksschule. Wir beäugen ihren Inhalt. Der wie Lakritze aussieht und wie Lakritze riecht. Wer traut sich, wer traut sich nicht, einen Stein hineinzuwerfen? Ich werde provoziert. Lasse mich auf die Wette ein. Eine kindliche Dummheit. Der Asphalt spritzt wunderbar hoch. Das Fass hat einen Teil seines Inhalts eingebüßt. Der Boden ist voller Flecken. Ein schweres Vergehen. Ich fliehe. Bin davon überzeugt, alsbald verhaftet zu werden. Kleinlaut komme ich nach Hause. Meine Mutter spürt, dass etwas vorgefallen ist. Es klingelt. Ich sehe zwei Schirmmützen. Die Polizei. Ich renne in mein Zimmer, krieche unter die Bettdecke. Sehe schon das Gerichtsverfahren und meine Gefängniszelle vor mir. Angst ist etwas Entsetzliches. Man ist wie aufgelöst. Verwünscht sich. Aber ich höre Gelächter. Die Polizisten sind nur Kollegen meines Vaters, die zu Besuch gekommen sind: der kleine Burtin, der eines Tages einen Strafzettel an sein eigenes Auto heften wird, nachdem er sich zu viele Aperitifs gegönnt hat, und der große Tousseau mit seiner De-Gaulle-Nase. Ich schleiche mich nach unten. Ich habe immer noch ein wenig Angst. Man kann nie wissen. Vielleicht ist es nur ein Trick, um den Schurken leichter festnehmen zu können, der ein Fass mit Asphalt auf dem Gewissen hat. Aber nein. Der Polizeiwagen fährt davon. Es ist Essenszeit. Meine Mutter hat den Tisch gedeckt. Ich wasche mir die Hände und entdecke einen schwarzen Fleck auf meinem linken Unterarm. Schmierig und klebrig, der nicht weggehen will, der sich immer mehr verteilt, als wollte er mich schuldig sprechen. Schuldig.

Grès rose / Buntsandstein

―――

Niedrige Vogesenhäuser am Ende langer Herbstnachmittage in gedämpftem Licht und kaltem Regen. Ein unangenehmer Regen. Bockig. Den nichts aufhält, weder Dachvorsprünge noch Schirme, die nass werden, als wir auf dem Friedhof die Gräber für Allerheiligen schmücken. Celles-sur-Plaine. Saint-Blaise. Châtas. Der Parcours unserer Toten. Der Lehrpfad der Chrysanthemen. Wir fahren durch menschenleere Täler, wo Dörfer am Fuße dichter Tannenwälder in Frieden ruhen. Brunnen spucken trübes Wasser aus. Rötliches. Cafémarkisen sind auf Halbmast gesetzt. Nichts rührt sich. Auch ich traue mich nicht, mich im Haus meiner Großmutter Clémentine zu bewegen, der Mutter meines Vaters, die einen hübschen Vornamen hat für eine Frau, die niemals lächelt, niemals zärtlich ist. Wir bleiben in der Küche, dem Ort, an dem sie empfängt, isst, döst, den Stunden trotzt, den Tag und ihr Leben absitzt. Ich kenne ihr Schlafzimmer nicht und werde es niemals zu Gesicht bekommen. Ihr Sterbebett, in dem ich sie zum letzten Mal küssen werde, wird sich oben im Haus ihrer Tochter befinden, meiner Tante Nénette, der Zwillingsschwester meines Vaters. Ich langweile mich. Es ist sehr kalt. Hier wird nicht geheizt. Dafür ist es zu früh. Der November hat gerade erst angefangen. Die welken

Blätter unter den Bäumen sammeln sich wie Büßer. Auch meine Mutter langweilt sich, sagt nur wenig, und mein Vater und seine Mutter leiern, ohne uns andere zu beachten, die Litanei der Erbschaften herunter: alte Ressentiments, verkaufte Besitztümer, Klatsch und Tratsch sowie Familiengeschichten, die häufiger nach Hasstiraden klingen als nach Liebesromanen. Ich schließe die Augen. Versuche, den Geruch des Hauses zu erspüren, als könnte ich mich dann mehr dafür erwärmen. Feuchtigkeit, Salpeter, Schimmel, Zeitungspapier mit kräftiger Tinte, das nicht weggeworfen wird, weil man sich damit den Hintern abwischen kann, Geruch nach Stroh, nach Wäsche, die niemals wirklich trocknet. Kalter Rauch. Eine alte Tarte, die in der schwarzen Form dunkel wird. Ein Schlupfwinkel, eine Höhle. Fehlen nur noch Moos, Stalaktiten, Konkretionen und Fledermäuse. Meine Höhlenforschung mündet lediglich in Angst und Schrecken, ich fürchte, zu einem Leben an diesem Ort verdammt zu sein, und doch, und doch gefällt mir eine Sache, auf seltsame Art: der aus einem einzigen Sandsteinblock, dem Fleisch der Vogesen, gehauene Spülstein, immer nass, weil der Wasserhahn ununterbrochen wie eine Wunde schwärt. Es kommt mir fast vor, als hätte man eine Quelle zu Hause, deren Wasser aus der aufgerissenen Erde sickert. Und jener Sandstein, der die Lippenfarbe junger Mädchen hat und auf diese Weise ewig getränkt wird, verleiht demjenigen, der ihn berührt, streichelt und von ihm trinkt, einen fast süßlichen, hauchzarten, luftig leichten Wald- und Blütenduft, trotz der kompakten, schweren Masse des kaum erodierten Steins und seines Alters, das seine Geburt fälschlicherweise mit der Entstehung der Welt gleichsetzt.

Gymnase / Turnhalle

Turnhallen verfügen über eine verkannte erotische Kraft. Vor allem jene altmodischen, in denen sich Staub, mangelnde Belüftung, beschädigte Substanz, schwaches Licht und Umkleiden mit bröckelndem Putz verbinden, um eine Kulisse zu formen, die paradoxerweise einer Steigerung der Lust zuträglich ist. Unser Sportlehrer ist der gute alte Georges. Wir sind in der zehnten Klasse des Lycée Bichat in Lunéville. Er raucht viel, läuft schon lange nicht mehr mit, und das Räumchen, das er sich mit seinen Kollegen teilt, hat eine gewisse Ähnlichkeit mit dem Lagerraum einer Brauerei. Ich glaube, er stellt alles in Frage, und seine Scheißegal-Haltung gehört zu den wichtigeren Lektionen, die er uns erteilt. Jedenfalls hat sie sich bei einigen von uns, die im Übrigen keinen Draht zu Stoppuhren haben, nachhaltig im Gedächtnis verankert. Eine gemischte Gymnasialklasse, aber zur Leibeserziehung hat man die Mädchen von uns getrennt. Man wirft nicht Spitzendeckchen und grobe Leintücher zusammen. Allerdings kommt es vor, dass wir uns dieselbe Turnhalle teilen. Sie in der einen Ecke, wir in der anderen, so springen wir im Wechsel über dieselben Pferde, turnen an denselben Barren, Ringen, Knotenseilen, am selben Reck, fallen auf dieselben Matten, rollen über denselben Teppichboden. Unsere jungen unter Anspannung stehenden Körper streifen einander ständig. Wir betrachten diese Mädchen, die wir so gut kennen, mit jungfräulichem Blick. Wir atmen ihren Duft ein, während Stirn und Achseln feucht werden, die Anstrengung ihrem Blick eine zweifelhafte, laszive Müdigkeit verleiht, ihren Bewegungen eine sinnliche Langsamkeit, ihrem Atem eine Wärme, die bis zu uns ausstrahlt und uns provoziert. Ihre Wangen färben sich rot. Plötzlich sind sie nicht mehr nur Mädchen, die in voller Blüte stehen, sondern Mädchen, die lodern, deren Feuer auf uns überspringt. Dass der gute Georges nach Bier, Pernod und Tabak riecht, dass die Turnhalle unter Gerüchen wie Schweiß, Stinkefüßen, ungewaschenen Körpern erstickt, dass das Alter der Seile und Matten – deren sich zersetzender Schaumstoff nach Gummiarabikum riecht – dem Ort eine sowjetische Atmosphäre verleiht, hindert mich keineswegs daran, mich an den Schenkeln von Corinne Remoux zu ergötzen, deren Innenseite von einem behaarten Sfumato überzogen ist, an der kastanienfarbenen Anmut von Carole Ravaillé, den unvergesslichen Brüsten von Marie Marin, die ihrem Alter weit voraus war, dem weichen Schamberg sowie dem fischottrigen Bauch der blonden Isabelle Leclerc, die enge dunkelblaue Frottee-Shorts ebenso verbergen wie unterstreichen. Ich berausche mich an allem. Ich pflücke das glucksende Gelächter, die leichten Berührungen, die Dekolletés, die weißen oder rosafarbenen Zipfel der Höschen, die bei der Scherenbewegung der Beine beim Hochsprung bisweilen von ihrer Existenz künden, das Zittern der Brüste beim Anlauf, den gedehnten Po beim Spagat, die gebeugten Knie einer Kletterin, die sich um ein Seil wickelt und in einer eleganten Kriechbewegung mit gekrümmtem Rücken und leisem Ächzen den Himmel der Turnhalle erklimmt, und ich stehe da mit offenem Mund, den Blick gebannt, das Gehirn vernebelt von den in mir aufwallenden Hormonen, den Pimmel hart wie römischer Marmor. Turnhallen sind mir alte Kameraden geblieben. Mitwissende. Manche Menschen halten sich beim Betreten die Nase zu und verziehen das Gesicht. Ich hingegen schließe die Augen. Ich suche die Mädchen. Meine Mädchen. Ich höre sie tatsächlich lachen und sich necken, rennen und sich anfeuern, aber ich sehe sie nicht mehr. Sie sind in einer Zeitschleife gefangen, von der ich mich zunehmend entferne.

Lard frit / Gebratener Speck

Hinten im Garten neben dem Hühnerstall richtet mein Vater von Zeit zu Zeit eine Räucherkammer ein, die er mit einer gerollten Zinkplatte und einem Abzugsrohr ausstattet. Dort hängt er lange Streifen rohen Specks auf und schichtet darunter zu Sägemehl verarbeitetes Fichtenholz, das langsam ohne Flammenbildung verglüht und einen bläulichen Rauch erzeugt, wie er im Herbst in den Tannenwäldern bei den Arbeiten der Holzfäller aufsteigt und die Wipfel der großen Bäume krönt. Vogesenwald, Vogesenwitz: «Magst du deine Mama oder deinen Papa lieber?» – «Am liebsten mag ich Speck!» Der Räuchervorgang zieht sich über Tage hin. Wenn mein Vater die Streifen abnimmt, sind sie verkrüppelt und hart, haben ihre frische weißrosa Färbung gegen eine stumpfere eingetauscht, die Speckschwarte ist zu Leder geworden, und geht man mit der Nase näher ran, verbindet sich der Fleischgeruch mit dem wilden Duft von Harz und Rauch. Man nehme ein frisch geschliffenes Messer, ein Schneidebrett, schneide von dem Speckstreifen zwei einen halben Zentimeter dicke Scheiben ab, erhitze eine Pfanne, gebe ein kleines Stück Butter hinein, warte darauf, dass es schmilzt, lege dann die beiden Scheiben in die Pfanne. Musik und Genuss. In der Küche brutzelt das Fleisch, während aus der Pfanne eine dicke Rauchfahne aufsteigt, die nach heißem Fett, geröstetem Fleisch, Tannenzapfen und angesengten Haaren riecht. Man erlebt die raschen Veränderungen des Specks, dessen fette Stellen unter dem Hitzeeinfluss schwitzen und durchscheinend werden, während die mageren Partien die Farben Rose Tyrien, Blassviolett, Krapprot und sogar den Ockerton der Sienaerde annehmen, so man sie nur ein paar Sekunden länger brutzeln lässt. Man nehme die beiden Scheiben heraus. Lege sie auf eine Scheibe Landbrot. Übergieße das Ganze mit heißem Öl. Dann heiß essen. Dieses Gericht bekomme ich von meinem Vater serviert. Keine Diät der Welt sieht das Rezept vor, was schade ist. Ist es doch einer der Wege, die zu einem Augenblick innigsten Glücks führen. Der Duft des Specks in der Pfanne und der von Zwiebeln oder beide Düfte vereint lösen in mir eine sofortige Speichelbildung und einen Zustand der Glückseligkeit aus, der noch lange nach der Mahlzeit anhält. Brotzeit wäre ein treffenderer Begriff. Etwas Improvisiertes, Schlichtes, Einfaches, gegen zehn Uhr morgens, als wollte man allen Konventionen eine lange Nase drehen. Bei der Rückkehr vom Markt zum Beispiel, am Donnerstag, nachdem ich vor den Auslagen am Lieferwagen des alten Haffner, eines Fleischers und Schweinehalters aus Montigny, nicht weit vom Donon, gestanden habe wie vor dem Schaufenster eines Spielzeugladens vor Weihnachten, und nun auf dem Küchentisch meine Schätze ausbreite – Presswurst, Blutwurst, Weißwurst mit Totentrompeten, Räucherspeck, Rindersülze, Fleischwurst, kleine Würstchen, panierte Schweinsfüße, Knochenschinken, Filetspitzen – und dann, um das geopferte Tier und den Opferpriester zu würdigen, den Speck nehme, daran rieche, zwei dünne Scheiben davon abschneide, das Brot vorbereite, die Pfanne aufsetze, wie mein Vater es für mich getan hat, und nachdem ich mir ein Glas Santenay von Borgeot eingeschenkt habe, schicke ich mich an, eine heilige Messe zu zelebrieren, auf die ich niemals verzichten möchte.

Légumes / Gemüse

———

Man braucht bloß die Ladentür mit der Türglocke zu öffnen, ganz am Anfang der Rue Jeanne d'Arc, nicht weit von dort, wo sie die Rue Mathieu kreuzt, schon betritt man einen winzig kleinen Gemüsegarten. In den Raum passen nicht viele Menschen hinein. Nur wenige drängen sich darin. Ich werde vorbeigeschickt, um im Frühjahr ein Samenpäckchen zu kaufen oder Ende September ein Stück Kürbis, ein paar Lauchstangen, wenn wir welche brauchen, drei warzige Zierkürbisse für die Anrichte, ein Bund junge Karotten, die von einem Bastbändchen zusammengehalten werden, falls unsere eigenen noch nicht so weit sind, oder einen Salat, noch feucht vom Tau. Es riecht nach Suppe, bevor sie im Topf köchelt, wenn die Hände der Hausfrau das ganze Gemüse beisammenhaben, es von der schmutzigen Schale befreit, sodann klein geschnitten und dadurch seinen Atem, seinen Saft, den Odem von Mairüben und Lauch freigesetzt haben. Ein phänomenaler Eintopf, kalt und ohne Fleisch. Der Laden der Vincents ist ein riesiger Kessel, unter dem die Flamme noch nicht brennt. Die alte Vincent ist eine gebeugte Frau, eine kleine, harmlose Hexe, eine graue Spitzmaus, furchterregend dürr und faltig wie Elefantenhaut. Der Sohn hingegen ist feist, ein Sanguiniker, und so rot, als würde er gleich platzen. Was im Übrigen später tatsächlich geschieht. Er hat das Gesicht eines Minotaurus. Ich finde ihn herrlich, der Mythologie entsprungen. Schade, dass er zwei Augen hat, sonst wäre er Polyphem. Ich erkenne ihn in ein paar Zeichnungen von Picasso, in einem einzigen Strich, reduziert und angedeutet. Es heißt, er würde trinken. Er sei oft im Deux Roues zu finden und auch in anderen Bistros. Dort schlafe er auf dem Boden ein. Na und? Was im Laden verkauft wird, kommt aus dem Boden, wird von ihren vier fleißigen, rissigen Händen, von ihrem Mut und ihrer Geduld geerntet. Ihre Gärten sind lange schwarze Streifen hinter dem Friedhof. Ihr Gemüse wächst in der Nähe der Toten, die ihnen ein wenig von ihrem Andenken verleihen: Kartoffeln, Kohl – rot, weiß, grün, Wirsing oder Rosenkohl –, Mangold, Rote Bete, Zwiebeln, Spargel, Tomaten, Rüben, Schwarzwurzeln, Schalotten, Knoblauch, Sauerampfer, Radieschen, Rettich, Bataviasalat, Kopfsalat, Eichblattsalat, Endiviensalat, Chicorée, Feldsalat, junge Salatpflänzchen, Kräuter, die in einer amethystblauen Vase angerichtet sind, kleine Sträußchen, Kerbel, glatte und krause Petersilie, Estragon, Thymian, Rosmarin, Schnittlauch, Salbei, Bohnenkraut. Ein Stillleben, das doch voller Bewegung ist, flämisch, großzügig und wohlriechend, ein Korb, gefüllt mit lebendigen, fabelhaften Gerüchen, der je nach Saison die Düfte wechselt, um schließlich auf die süße Pracht des Herbstes zuzusteuern, wenn sich Früchte zu Salat und Gemüse gesellen und Letztere ihnen peu à peu den Vortritt lassen. Als die alte Vincent stirbt, überlebt ihr

Sohn sie kaum. Er tritt ab wie eine große Eiche, die man fällt. In dem kleinen Laden stehen noch Monate nach ihrem Tod Topfpflanzen im Schaufenster, die schließlich vertrocknen und sterben, da kein Mensch sie mehr gießt. Verkauf. Kauf. Die neuen Eigentümer mauern die Fensteröffnungen zu. Man sieht nichts mehr von dem, was einmal war. Die Textilfabrik Boussac auf der anderen Straßenseite, die mehr als tausend Näherinnen beschäftigt hat, wird in eigenartige Wohnungen umgewandelt, durch Palisaden voneinander abgetrennt, mit kleinen Gärtchen, in denen ein Tisch, vier Plastikstühle und ein Holzkohlegrill posieren. Der Konzertsaal und das Kino Jeanne d'Arc etwas weiter oben werden definitiv geschlossen. «Wie schnell stirbt eine Stadt! Kaum Liebe stirbt so schnell.» Schon wieder Baudelaire. Der ganz offensichtlich alles begriffen hat, von den Dingen wie von den Menschen.

Maison d'enfance / Elternhaus

Ich sitze am Küchentisch, es ist der 17. November 2011. Die Temperaturen draußen liegen ein paar Grad über null. Es nieselt. Es ist einer dieser grauen Tage, wie ich sie mag. In zwei Stunden wird es dunkel. Das Haus steht seit mehr als zwei Jahren leer. Seit dem Tod meines Vaters. Einige seiner Möbel wurden entfernt, das Haus gereinigt. Dennoch steht und liegt allerhand herum, Möbel, offene Kisten, stapelweise Geschirr, Plastiktüten, mit verschiedenen Dingen vollgepackt, Medikamente, Berge von Papier. Das Bett meines Vaters ist nicht mehr da. Es ist kaputtgegangen, als er eines Morgens darauf zusammenbrach, nachdem er zuvor unterwegs gewesen war, um einen Kaffee zu trinken. Besen stehen verlassen da. Ein Staubsauger, der sich zu langweilen scheint, beherrscht das Wohnzimmer. Das Haus sieht aus wie ein Toter, den man zur Hälfte gewaschen und anschließend liegen gelassen hat, ohne besonderen Grund, weder aus Ekel noch aus Vergesslichkeit, einfach nur, weil man anderes zu tun hatte. Ich habe lange gezögert, bevor ich hierhergekommen bin, um diesen Text zu schreiben, am selben Tisch, an dem ich als Kind meine Hausaufgaben gemacht habe, in dieser Küche, die sich kaum verändert hat, in der wir unsere Mahlzeiten eingenommen, Monopoly,

Nain jaune, Mensch-ärgere-dich-nicht, Stadt-Land-Fluss gespielt haben, meine Schwestern Brigitte und Nathalie, meine Eltern und ich. Heute ist es sehr kalt. Das Haus ist nicht geheizt. Niemand wohnt mehr darin. Es ist das Haus eines Toten, und mein Vater in seinem Grab auf der anderen Seite der Straße, keine zweihundert Meter entfernt, wird kaum mehr frieren als ich. Wenn ich aufblicke, sehe ich vor dem Fenster die Landschaft meiner Kindheit. Die Gärten sind noch da, wurden jedoch sich selbst überlassen. Diejenigen, die sie beharrlich gepflegt haben, sind seit langem fort. Ich nenne ihre Namen, damit sie nicht vergessen werden: der große Hoquart, Madame Cahour, Madame und Monsieur Monin, Madame und Monsieur Herbeth, Monsieur Méline, Monsieur Lebon. Unsere Nachbarn: die Morettis, die Claudes, die Ripplings, die Finots. Das war's. Der Teich ist noch da, der Rasen, der Sânon, der Grand Canal und dahinter der Rambêtant, der im Dunst und im Himmel verschwindet. Jemand hat hinter dem schmalen Weg einen Wohnwagen abgestellt. Ein weißgelber Fleck, der nicht hierhergehört. Ich frage mich, welchen Reisenden er wohl erwartet. Vielleicht hat aber auch jemand beschlossen, ihn einfach hierzulassen, so wie es Leute gibt, die ihre Hunde aussetzen, wenn sie ihrer überdrüssig sind. Ich gehe durch alle Zimmer. Betrete die Garage, nachdem ich die drei Riegel geöffnet habe, die mein Vater in seinen letzten Tagen beunruhigt an der Tür angebracht hat. Dort begegnet mir erneut der Geruch von Benzin, Kanalisation und Werkstatt, von Ölkännchen, Lederriemen, Gurten. An einem Holzbrett auf der Werkbank steht der Satz von Nietzsche: «Die Ordnung ist eine Tugend der Mittelmäßigkeit», den er sich gern zur Devise gemacht hatte. Ich kehre zurück ins Haus, auf vertrautes Terrain. Doch nichts passiert. Ich gehe nach oben, Küche, Schlafzimmer, Salon, Wohnzimmer. Ich mache die Fensterläden auf. Steige auf den Dachboden, schaue ins Zimmer meiner ältesten Schwester und gelange in die Mansarde, die mein Vater ausgebaut hat, als ich dreizehn war. Mein Zimmer. Mein Reich, das nach meinem Auszug meiner Schwester zugefallen ist. Decke und Wände mit Tannenholz verkleidet, der Schreibtisch aus dem gleichen Material, grüner Teppichboden. Ich mag diesen Ort. Er erinnert an Schutzhütten in den Bergen, die mich zum Träumen bringen und die ich Jahre später aufsuchen werde. Hier erlebe ich meine erste Erektion. Hole mir zum ersten Mal einen runter, während ich an die Brüste meiner Deutschlehrerin aus der achten Klasse denke. Rauche meine erste Zigarette. Jahrelang schaue ich auf einem alten Schwarzweißfernseher den Ciné-Club von Claude-Jean Philippe, und genau hier, unter dem Dach, begegne ich Jean Grémillon, Julien Duvivier, Ernst Lubitsch, Frank Capra, Federico Fellini und ein paar anderen. Die gleiche verschämte Kälte tränkt alle Zimmer, und ich kann noch so tief Luft holen, mich mehrmals schnäuzen, um die Nase freizukriegen, die Augen schließen, ich rieche nichts, gar nichts. Das Haus riecht nach nichts mehr. Mein Vater ist gegangen und hat den typischen Duft unseres Hauses mitgenommen.

Er ist gestorben und mit ihm der Geruch dieses Hauses. Mir ist kalt. Es ist das erste Mal seit vielen Jahren, dass ich hier schreibe. Seit mehr als dreißig Jahren, denke ich. Und auch das letzte Mal. Bald wird das Haus verkauft, neu gestrichen, verändert. Menschen werden es bewohnen, werden es mit ihrem Leben, ihren Träumen, ihren Sorgen, ihren Ängsten und ihrer Ruhe füllen. Sie werden dort schlafen, sich lieben, essen, sich waschen, ihre Notdurft verrichten, herumwerkeln, weinen, lachen, ihre Kinder großziehen. Nach und nach wird sich das Haus wie formbares Wachs an sie anpassen und ihre Gerüche aufnehmen. Ich weiß, dass ich nicht hinschauen werde, wenn ich künftig mit dem Fahrrad oder dem Auto daran vorbeifahre. Ich werde es nicht über mich bringen. Auf dem Weg nach Sommerviller werde ich nach rechts schauen, zum Friedhof, zu den Toten, zu meinem Vater. Es ist traurig, nichts mehr zu riechen. Es ist traurig, hier zu sein, in diesem kalten Haus, das seinen Geruch eingebüßt hat wie Peter Schlemihl seinen Schatten. Ich hatte damit gerechnet, ergriffen zu sein. Ich hatte sogar damit gerechnet zu weinen, da mir so leicht die Tränen kommen. Aber nein. Ich bin lediglich überrascht. Erstaunt. Ich weiß nicht, ob ich dem Haus entglitten bin oder das Haus mir. Aber wir werden von nun an wie zwei Fremde füreinander sein. Letztendlich ist es meine Schuld. Kein Mensch hat mich zur Rückkehr gezwungen. Ich werde gehen. Ich werde die Läden und Türen wieder schließen, die Lichter löschen, die drei Riegel vorschieben. Ich werde in das Leben zurückkehren. Mein

Platz ist nicht mehr hier. Das habe ich jetzt begriffen. Zudem musste ich gerade niesen. Wenn ich noch länger bleibe, werde ich mich erkälten. Bei uns sagt man, *sich den Tod holen*.

Mort / Tod

Lange Zeit spielt sich der Tod zu Hause ab. Man stirbt daheim, wird dort ein paar Tage aufgebahrt, passiert die Türschwelle zum letzten Mal. Das Sterbebett ist häufig das Bett, in dem der Tote geboren wurde, geträumt, geliebt, seine schlaflosen und seine Liebesnächte verbracht hat. Meinen ersten Toten sehe ich mit vierzehn Jahren. Vielmehr meine erste Tote: meine Großmutter väterlicherseits, die ich nicht sehr mag. Das ist sicher der Grund dafür, dass mich der Anblick des vor mir liegenden steifen Körpers mit dem verkniffenen Mund kaum berührt. In erster Linie bin ich neugierig. Für mich ist es Anschauungsunterricht. Eine Initiation. Fast hätte ich mich über sie gebeugt und mit einer Lupe oder einer Mikroskoplinse ihre wächserne pergamentene Haut untersucht. Erst als meine Lippen ihre Wangen berühren, erschaudere ich. Holt der Tod mich ein. Das Gesicht ist hart und kalt. Es hat das Erscheinungsbild eines Menschen, aber die Teilnahmslosigkeit und Härte eines Minerals. Aus Angst vergieße ich ein paar Tränen, die die anderen vermutlich anders deuten. Vor kurzem erst habe ich meinen Vater auf die Wange geküsst. Meine vierzehn Jahre liegen weit zurück, und ich zähle die Toten nicht mehr. Auch Angst habe ich keine mehr. Mein Vater liegt in der Leichenhalle, die im

Übrigen nicht mehr Leichenhalle heißt, sondern «Aufbahrungszimmer», so sehr ist das Lügen Teil unserer Zeit. Trauerbehänge aus Samt, gedämpftes Licht, leise Musik, Blumengebinde. Der Tod riecht nicht mehr nach dem Totenzimmer, dessen Geruch man noch kennt, einatmet. Im Aufbahrungszimmer vermischen sich die Toten. Alle riechen intensiv nach Nachthyazinthe, klimatisierter Raumluft und Kosmetikprodukten. Mein Vater ist wie alle anderen vor ihm, wie mein Onkel Dédé, ein Russe geworden. Breschnew. Ich erkenne ihn kaum wieder. Ein retuschiertes Wesen für das offizielle Porträt und das Mausoleum. Gelb. Gepudert. Geglättet. Die Augenbrauen gekämmt. Kreml und Roter Platz. Alles in allem eine große Lüge. Als ich ihn küsse, riecht er nicht wie sonst. Er stinkt nach Frau und Medikamenten. Eine originelle Mischung aus Formalin und Reispuder, aus Make-up und Kampfer. Das Aufbahrungszimmer ist ebenso der Salon einer Kokotte des Zweiten Kaiserreichs wie das Lager eines Pharmakonzerns. Der Tod stiftet Verwirrung. Er eilt sogar voraus. Er antizipiert. Meine Mutter hat den ihren vorbereitet. Sie hat ihn in drei Raten ohne Zinsen beglichen. Alle Details bedacht. Der Mitarbeiter des Bestattungsunternehmens hat sie mir vor kurzem am Telefon geschildert. Hat von den Blumen, der Musik, dem Sarg, der Einbalsamierung der Leiche gesprochen, da wir nicht wissen können, in welchem Zustand meine Mutter gefunden wird. Meine Mutter saß neben ihm, quicklebendig, und hörte zu, wie er über ihren künftigen Leichnam sprach. Ich selbst steckte fest. In einem Stau. Die beiden tranken Champagner. Er hatte eine Flasche mitgebracht, um den Vertragsabschluss zu feiern. Der Tod denkt wahrlich an alles. Er versteht es zu leben. Er geht mit der Zeit, kleidet sich in moderne Gewänder. Ist innovativ. Das ist verständlich. Er langweilt sich bestimmt. Immerzu gewinnen macht keinen Spaß.

Munster / Münsterkäse

Ein Geduldeter. Unerwünscht. Sommers wie winters auf das Fenstersims verbannt, ob es regnet oder schneit. Von eher unscheinbarem Äußerem, klein, rund, schmal, schwankt er zwischen gelb und orange, hier und da mit weißen oder grauen Flecken. Angeschnitten offenbart er in jungem Alter einen kreidigen Körper von der Farbe einer normannischen Felsenklippe, der unter der Messerspitze bereitwillig nachgibt. Mit der Zeit nimmt er weichere Züge an bis hin zu einer zähflüssigen Masse, wird ockerfarben und beginnt zu glänzen, während die Rinde knittrig wird wie die Wangen einer zu stark gepuderten Dame von Welt. Meine Mutter duldet ihn nicht im Kühlschrank und ist entsetzt, wenn mein Vater, für den er zugleich eine Delikatesse und eine kleine Näscherei zwischendurch ist, ihn zu Hause einschmuggelt. «Du weißt nicht, was gut ist», sagt er dann. Woraufhin sie antwortet: «Da hast du recht, sonst hätte ich dich nicht geheiratet!» Meine Mutter mag den Käse nicht, also mögen wir ihn auch nicht, meine Schwestern und ich. Darum dauert es lange, bis ich ihn zum ersten Mal koste und mich daran ergötze – das Gleiche gilt für Ziegenkäse, Hirn und Lammkeule. Ich folge blind den kulinarischen Vorlieben meiner Mutter und lehne gemeinsam mit ihr die degenerierte Vorliebe meines Vaters für stinkende Lebensmittel ab. Ich äffe ihr Entsetzen nach. Halte mir die Nase zu, verziehe das Gesicht und tue so, als müsste ich mich übergeben. Der Münsterkäse altert draußen, ohne Zuhause, ein milchiger Clochard, der unter dem hochmütigen Blick des Thermometers notdürftig neben einem Klappladen Schutz sucht. Wenn mein Vater gegen Ende der Mahlzeit aufsteht, um ihn zu Tisch zu bitten, verlassen wir schreiend die Küche wie jene albernen, ihr Mittagessen verdauenden Parlamentarier, die bisweilen mit Getöse aus der Nationalversammlung stürmen. Allein am Tisch umgibt sich mein Vater nun mit den Ausdünstungen besagten Objekts, jenes Namenlosen, Unbeschreiblichen, das keinen Platz hat in unserem Haus und auch nicht in unserer Sprache und von dem die Legende, von seinen Feinden kolportiert, behauptet, dass man darauf uriniert, um den Reifeprozess zu begünstigen, was nicht sein kann, weil der arme Käsehersteller sonst unendlich viel pinkeln müsste. Jauche, Gülle, flüssige Scheiße, Furz, gekippte Sahne, kariöser Zahn, wenn sein Geruch auch schwer erträglich ist, im Mund befreit er sich von seinen Fesseln. Wer ihn riecht, verurteilt ihn, wer ihn schmeckt, begnadigt ihn hernach. Hinter seiner Erscheinung als Quasimodo, hässliches Entlein oder schwarzes Schaf verbirgt sich ein Prinz, der sich erst dann offenbart, wenn man ihn zu schätzen weiß. Oft irrt man sich, beim Käse wie beim Menschen.

Ombellifères / Doldenblütler

———

Wir schicken uns an, eine heilige Stätte zu betreten. Folglich würde es sich geziemen, den Kopf zu neigen. Wie vor einer Königin. Einer Königin der Wiesen und Felder, bizarrer Flächen mit Junigräsern. Welchen Duft würde man mit auf eine einsame Insel nehmen, die ohne Gerüche ist? Alle gewiss, von denen ich hier erzähle, doch diesen mehr als jeden anderen, der mich die Welt lehrt und mich mit mysteriösen Fesseln an sie bindet. Meine Kindheit ist geprägt von einem permanenten Staunen, denn die Natur begleitet jede meiner Metamorphosen mit der Preisgabe eines Geheimnisses. Dem Geheimnis der Vögel, der Fische, der Nagetiere, der Blumen, der Bäume, der Felsen, der Gewässer. Dem Geheimnis der Tage und der Jahreszeiten, der Wolken, der Meteore, der Nebel und der Sternbilder. Es gibt so viel zu lernen und zu empfangen. Ich nehme alles auf. Mit geschlossenen Augen laufe ich über die Wiese. Es ist Ende Juni, regnerisch und mild, fast warm. Die Schule liegt hinter mir. Eine große Dunstglocke hat sich über das Land gelegt, verwandelt die Uferböschungen des Sânon, den Rambêtant und die ersten Höfe von Sommerviller, deren Dächer ich in der Ferne erahne, mit seiner üppigen Feuchtigkeit in ein Treibhaus. Einen Brutkasten. Die Sonne hinter den winzigen Wolken weigert sich unterzugehen. Das bereits hohe Gras ist nass. Bei jedem Schritt wischt es sich an meinen Beinen trocken, hinterlässt dort warme Tropfen, die in meine Stiefel laufen. Ich streichele es mit der Hand. Ich halte die Augen geschlossen. Ich will nichts sehen, nur riechen. Das Wasser. Den Frühling. Die Gerüche der nassen Erde, die ungeduldig auf junge Pflänzchen wartet. Ich suche sie. Ich weiß, sie sind ganz nah. Ich will noch einmal ihrem Zauber erliegen. Sie sind die Sirenen des Ackerlands. Sie betören den Spaziergänger mit ihrem Aroma von grünem Dill, und der Bedauernswerte wird sein Herz danach nie mehr an andere Gräser verlieren, so fasziniert ist er von ihrem Kümmelduft, in dem vereinzelt Noten von Anis und Nelken zu erkennen sind. Umbelliferen. Und ihr Name, weiblich zart, obwohl er mit einem dumpfen Vokal beginnt, ist ein Sesam-öffne-dich. Ich murmele im Gehen vor mich hin. Wiederhole das Wort. Umbelliferen. Umbelliferen. Großer Kopf, gekrönt von kleinen Blüten, ein ganzer Strauß, ein eleganter Federbusch, den ich später in den opalen Glasmosaiken und den roten Intarsien von Émile Gallé wiederfinde, deren Geruch sich in der Luft entfaltet wie jene komplizierten Korsetts, die einst den ungeduldigen Körper junger Mädchen eingesperrt haben und den schwereren, schlafferen und betörenderen ihrer Mütter.

Pantalon de pêche / Anglerhose

Eine Brotkruste, hart wie Achat in der Mitte, bröselig drumherum, ein schwarzer Schnürsenkel, reichlich kurz, eingerollt und spröde, der sich nach eingehender Untersuchung als vertrockneter Regenwurm entpuppt, ein Karamellbonbon, geschmolzen und wieder fest geworden, dessen Schokoladenhülle zwischen grau und braun schwankt, der Kronkorken einer Bierflasche, ein Stofftaschentuch, zu einer Kugel gerollt, an dem ein Dutzend Fischschuppen kleben, die ihren perlmutternen Glanz eingebüßt haben, eine angebrochene Rolle Garn, Widerstandskraft 800 g, ein Dutzend kleiner Angelbleie, ein Schwimmer aus Balsaholz für kleine Fische, rot und gelb, leicht gebrochen, die Umrisse eines Schinkensandwichs, in Alufolie eingewickelt und erstaunlich intakt, wenn auch nicht mehr zum Verzehr geeignet, ein Briefumschlag mit einer Stromrechnung und dem dazugehörigen Scheck, der niemals eingeworfen wurde, ein paar verendete Maden, länglich, fest und dunkel, die an die Kotkugeln von Nagern erinnern, drei Kaugummis mit Chlorophyll, eine aufgeplatzte Tube Rubifix, eine fast leere Rolle rosafarbenes Toilettenpapier, *Der Fürst* von Machiavelli in einer alten Schulausgabe, ein drei Zentimeter langer Bleistift, völlig zerkaut, ein Kieselstein von der Größe eines

Enteneis, aber flach, ideal, um ihn übers Wasser springen zu lassen, eine Einkaufsliste – «Nudeln, Butter, Friséesalat, Streichhölzer, Sirup, drei Schweinekoteletts vom Kamm, Sechzig-Watt-Birnen, Streusalz, vergiss die Eier nicht!» –, von der ich nicht mehr weiß, ob sie abgearbeitet wurde, ein Gummiring, die Verpackung von Lockfutter für Fische, die ihren Anisgeruch bewahrt hat. Ende der Bestandsaufnahme. Die Hose besitzt vier tiefe Taschen auf der Vorderseite. Sie hat ihre Farbe eingebüßt. Gewiss war sie vor langer Zeit, am Tag ihrer Geburt und in ihrer Jugend, khakifarben oder blassgrün, wobei mir blassgrün für eine Anglerhose wenig passend erscheint, doch ich erinnere mich, dass sie nicht immer zum Angeln verwendet wurde, dass diese Funktion nur ein *second life* für sie ist, eine Art aktiver Ruhestand, eine späte berufliche Neuorientierung. Sie ist unerhört fleckig und undefinierbar schmutzig. Schmutzig und hart, weil ich mich weigere, sie in die Wäsche zu geben, weil ich sie in einer unbeheizten Hütte hinten im Garten ruhen lasse. Wenn ich nach Monaten der Lethargie hineinschlüpfe, ist sie steif wie die Öljacke eines bretonischen Seemanns, und diese reservierte Steifheit deute ich gelegentlich als Vorwurf. Aber ich mag sie so, unzivilisiert, unsauber, vollgestopft mit tausend Dingen, die ebenso von ihrer Verwendung zeugen wie von der Zerstreutheit ihres Besitzers. Man könnte meinen, dass sie stinkt. Das ist jedoch nicht der Fall, was sehr erstaunlich ist, bei allem, was ich ihr zumute und was sie beherbergt. Es ist sogar schon vorgekommen, dass ich einen toten Fisch in ihr vergessen habe. Ich habe ihn Wochen später gefunden, vertrocknet und nahezu geruchlos, ein seltsamer Dolch mit erloschenen Augen. Wonach die zerrissene, ausgebesserte, strapazierte Hose, gespickt mit den verschiedensten Dingen, riecht, ist der seltsame Duft einer Mühle, eines Lagerraums mit geschrotetem Getreide und Kleie. Ihr wahrer Geruch ist indes der eines Herzklopfens, hastig und glücklich. Der Geruch nach offenem Meer, nach einem Leben ohne Grenzen, freien Stunden, weit weg von allem, weit weg von allen, am Flussufer, im unergründlichen Dialog mit dem Wasser und seiner spiegelnden Oberfläche, mit seinen Untiefen, die ein Echo meiner eigenen Untiefen sind. Mal trüb, mal klar.

Piscine / Schwimmbad

An einem kalten Nachmittag im Winter, gegen fünf, als der Tag bereits kapituliert und sich in einer milchigen Suppe mit der Farbe von Eisenspänen und Asche auflöst, beschließen wir, das runde Thermalbad von Nancy aufzusuchen. Wir durchschreiten die Glastüren und werden sofort von der schwefelhaltigen, zugleich ungesunden und verführerischen Feuchtigkeit umfangen. Wir lösen eine Eintrittskarte bei der Kassiererin, die hinter ihrem Glasschalter gefangen scheint und uns unwillkürlich über das grausame Schicksal sinnieren lässt, das sonst Goldfischen vorbehalten ist. Wir folgen dem schmalen Gang und nehmen in der Ferne das Echo der Stimmen wahr, die unter der Kuppel widerhallen, distanzierter, aber auch leichter als in der Realität, ebenso das Geräusch von Wasser, das Schwimmer und spielende Kinder aufspritzen lassen. Wir betreten die Umkleidekabine. Entledigen uns mehrerer Schichten übereinandergetragener Kleidung, als wären es verschiedene Häute, und hängen sie an die Kleiderhaken. Draußen friert oder schneit es, und wir sind nackt. Das Ganze hat etwas Schelmisches, etwas von Gegen-den-Strom-Schwimmen, das uns ein bescheidenes Gefühl von Freiheit und Revolte beschert. Dann ziehen wir die Badesachen an und verlassen die Umkleide durch die andere

Tür, denn die Kabinen sind Grenzposten ohne Zöllner zwischen zwei gegensätzlichen Ländern, das eine gekachelt, fensterlos und trocken, das andere flüssig, erhellt von einem Licht, das durch ein Glasfenster am Himmel fällt und auf blaues Wasser trifft, welches am Beckenrand, über den sich eine Balustrade aus geflammtem Steingut von Rambervillers erhebt, grün und beigegrau glitzert. Eine heilende Kurve. Denn das Schwimmbad ist rund, das Wasser einer Thermalquelle entnommen. Man planscht darin mehr, als dass man schwimmt. Es wird gelacht, geschwätzt und geplappert. Dort begegnet sich das Leben von beiden Enden her: Man trifft alte Leute und Säuglinge, die auf dem Arm ihrer Mutter das wohlig warme Nass und seine Liebkosungen erleben. Die Luft scheint hier zu plätschern in diesem Kirchenschiff ohne Altar, und die Worte und alles Gemurmel lösen sich von dem riesigen kreisrunden Bauch, in dem wir treiben und an die unsichtbare Quelle denken, die dieses wohltuende Wasser durch eine Erdspalte schickt mit seinem heilenden und zugleich fauligen Duft, dem ein Tropfen Chlor eine leicht aggressive Note verleiht, die belebt und berauscht. Die Temperatur ist hier stets höher als in anderen Bädern, sodass man lange im Wasser verweilen kann, ohne auszukühlen, in relativer Schwerelosigkeit, die das Baumeln der Seele, Entspannung, Träumereien und die verworrenen Ergüsse des Schreibens befördert. Man vergisst Nancy. Ist in Budapest oder Prag, irgendwo weit weg in Europa, weit weg in der Zeit. Man taucht ein in die Zeit vor den großen Massakern, die Zeit der Königsfamilien und Pferdedroschken, und der zersetzende Wasserdampf lässt in nächster Nähe die Geister von Schachspielern und dickbäuchigen Kurgästen schweben, die die Triple Entente kommentieren und dabei Toscani rauchen.

Pissotières / Pissoirs

Ich muss weit gehen, um ein Pissoir zu finden. Die Städte Frankreichs haben vor langer Zeit das Recht auf kostenloses Urinieren abgeschafft. Ein städtischer Bauherr hat sich an das Rezept des Kaisers Vespasian erinnert. Erneut wird das Wasserlassen besteuert, und man muss vorab eine Münze bereithalten zum Beweis, dass man flüssig ist. Im Übrigen haben diese Häuschen, deren Tür sich mit dem kreischenden Geräusch einer Guillotine hinter uns schließt, nichts gemein mit den stillen Örtchen, die einst Stadtgärten und Bürgersteige schmückten. Man ist darin auf geradezu dramatische Weise allein. In völliger Abgeschiedenheit, ohne das Tageslicht zu sehen oder das Pfeifen eines Nachbarn zu hören, der sich ebenso erleichtert wie man selbst. Mir gefällt die altmodische Architektur der Pissoirs, die schmiedeeiserne, schlanke, nahezu mondäne Kunst aus eleganten Bögen oder klobigen Steinen, zuweilen auch aus nacktem Beton, unerschütterlich und tröstlich. Man uriniert darin in unmittelbarer Nähe zu den Passanten. Man hört den Lärm der Stadt, die man für einen Augenblick zurückgelassen hat. Man wechselt ein paar belanglose Worte. Manche Menschen teilen sich in eindeutigen oder obskuren Graffiti mit – ich erinnere mich insbesondere an ein äußerst mysteriöses: «Glöckchen, ich hol mir dein Geriesel» –, andere verabreden sich darin, flirten oder lieben sich, manchmal heftig und überstürzt. Das ist eines der Argumente der Besserwisser, um viele der Pinkelbuden zu schließen. Die intensiven Gerüche, die von ihnen ausgehen, stören mich nicht, auch nicht die Flecken, von denen sie bisweilen übersät sind. Man weiß, wenn man sie benutzt, dass man keinen Blumenladen betritt. Urin wird ranzig, Exkremente, Desinfektionsmittel und Javellauge verbinden sich zu einem Miasma, das sinnbildlich für die Litanei unseres Leidens stehen könnte. Man erhält bei geringem Aufwand eine Unterweisung in Morallehre. Diese Ausdünstungen ertragen zu müssen gleicht einem Akt der Demütigung und Bußfertigkeit. Unsere Welt träumt davon, geruchlos zu sein, ergo unmenschlich. In den Jahrhunderten, die unserem vorausgegangen sind, hatte alles einen Geruch, das Schöne und das Schlechte. Wir hingegen machen Jagd auf alle Gerüche, unseres Körpers und unserer Städte, als wären sie Schwerverbrecher, die uns daran erinnern, dass wir übelriechende Körperflüssigkeiten absondern. Als Junge betrete ich ein Pissoir, und es stinkt. Was mich nicht überrascht und auch nicht stört. Ich sehe darin einen besonderen Spiegel, der nichts verzerrt. Ich erfahre, wer ich bin. Manchmal schnarcht dort ein Clochard, bereichert den begrenzten Raum mit seinem Geruch nach billigem Wein, Schmutz und minderwertigem Tabak. Ich stelle mir vor, dass er ein Gott ist, auf die Erde gepurzelt, der hinter seinen löchrigen Kleidern sein wahres Wesen verbirgt. Schließlich verwandelt sich auch Zeus hin und wieder in einen Schwan oder in eine Kuh. Warum sollte ich ihm dann nicht als Landstreicher begegnen, mit dem Hintern auf dem Boden eines Pissoirs, wo er selig in Harmonie mit den Mücken schnarcht? Doch mittlerweile haben wir auch die Götter ausradiert.

Pluie d'orage / Gewitterregen

Mit der Faust auf die Erde hauen, wie man mit der Faust auf den Tisch haut. Lange schon lag die Keilerei in der Luft. Die Tage waren einer nach dem anderen mit einem bleiernen Himmel und einer ebensolchen Hitze verstopft, die den Horizont weghobelt, den Wind verklebt, Tieren und Menschen zusetzt. Auch der Nacht war keine Erfrischung vergönnt, sie war wie jede beliebige Tageszeit den obszön fummelnden Fingern einer Feuchtigkeit ausgeliefert, die sich ungeniert gebärdet, als wäre sie überall bei sich zu Hause. Auch sperrangelweites Öffnen der Fenster war zwecklos. Doch dann, am frühen Nachmittag, scheint der Himmel im Norden über der Seille zum Platzen gespannt. Man sieht gedämpfte Lichter, einer stotternden Apokalypse gleich. Plötzlich wird es finster. Ich erinnere mich an Karfreitage, an denen wir gespannt herauszufinden versuchten, wie die Wolken des Gekreuzigten von Golgatha gedenken würden. Ein krachendes Aufleuchten der Wut. Eine blitzende Axt fährt hernieder auf eine Weide unten am Teich. Wir haben sie nicht kommen sehen. Der Baum, gespalten, zuckend, von oben bis unten entblößt, sein weißes Fleisch wie ein heller Schenkel in einem zerrissenen Strumpf. Noch ein Blitz, dreihundert Meter weiter links, in einem Hochspannungsmast. Hysterische

Streifen. Flüchtiges Autogramm eines megalomanen Künstlers. Färsen auf der Wiese der Poulets scheuen und stürzen im Rudel zum Fluss, wo sie abrupt und ratlos an der Uferböschung stehen bleiben und sich nicht mehr von der Stelle rühren. Ein Grummeln. Das zunimmt. Es ist der Regen, der, nachdem er die Hänge des Rambêtant hinter einem gestreiften Bildschirm verschwinden ließ, wie eine Flutwelle durch die Luft jagt, das Wäldchen am Grand Canal verschlingt, die Felder verschluckt, auf unser Haus zurast, die ersten Gärten flutet. Die Katze verzieht sich unter den flachen Stein, der den Kaninchenställen ein Vordach bietet. Einzelne Tropfen beim Hühnerstall spielen die ersten dumpfen Töne, und der Haupttrupp, eine schiefe Armee brutaler Soldaten, schlägt ungeniert auf die Blüten der letzten Tulpen ein, reißt die noch zarten Blätter der Kirschbäume in Stücke, demütigt die Pfingstrosen, zwingt sie, ihre sahnigen Köpfe zu beugen, bevor er sie auf dem Boden erdrückt, hagelt Millionen Krater von der Größe eines Daumennagels in die Erde.

Primitives Gemetzel. Bombardement. Katarakt. Das Wasser erfrischt die Luft und peitscht sie durch. Es ist das Maul eines Monsters, das uns seinen heißen tropischen Odem ins Gesicht bläst. Winzige Flüsse schicken ihr braunes Wasser durch die Straßen, unter den Himbeersträuchern bilden sich dampfende Lachen. Man fröstelt ein wenig und lächelt, während man im sicheren Haus den Duft des Massakers atmet, Humus eines Sumpfes, Torf, Saft, die süßen Blumenkronen der Lilien, deren in Tränen aufgelöste Blütenblätter wie Lumpen wirken, das Fell sich bedroht fühlender Tiere, die in der Ferne im Chor muhen, eine Erdsuppe, gewürzt mit zitterndem grünem Lavendel, vom Gewitter erregt, Harz von irgendwoher, und endlich erhebt sich voller Rachsucht der Wind, verschlägt alles mit den letzten Regentropfen und schiebt die Fülle an geborstenen Wolken und die Donnerschläge in den bis jetzt noch friedlichen Osten.

Poisson / Fisch

Elritze. Gründling. Schleie. Döbel. Ukelei. Näsling. Barbe. Forelle. Karpfen. Brasse. Barsch. Zander. Hecht. Hasel. Rotfeder. Der Leib der Fische ist geschmeidig, glatt, elektrisch geladen. Das Wasser gleitet daran entlang, sanft von jenem Schleim vertrieben, der in der Hand des Fischers den Geruch von Brunnen und Kresse hinterlässt, von Frische und süßlich-fader Muschel, von Seetang und von offenem Meer, auch bei denen, die sich im Süßwasser tummeln. Man muss es gerochen haben, um dem Geheimnis des Angelns ein wenig näherzukommen. Am Ufer zu stehen, wenn aus der Wasseroberfläche des Flusses der zappelnde Fisch auftaucht, der am Angelhaken hängt. Ihn zu beruhigen. Ihn in der Hand nicht allzu fest zu drücken, ihn bei Bedarf ins Gras zu legen, behutsam den winzigen metallenen Widerhaken aus dem geöffneten Maul zu lösen. Ein rundes Auge starrt uns vorwurfsvoll entgegen, golden eingefasst. Es verurteilt uns. Es glitzert wie der restliche Körper des Tiers, ein reiner Edelstein, zart und raffiniert mit seinen barocken Herbstfarben, seinen grün-blau-grauen Schattierungen. Jahrelang träume ich von diesem Geruch, von dieser Begegnung. Niemals kommt sie zustande. Ich verbringe Stunden am Ufer der Meurthe, am Petit Canal, am Poncé oder an der Goulotte du

Sânon – diesem riesigen Abflussschlauch, über den das Blut der Schlachthöfe entsorgt wird, die weiter oben stehen und deren Gebäude heute die Feuerwache beherbergen –, ohne auch nur einen einzigen Fisch aus dem Wasser zu ziehen. Das dicke Blut der Rinder, Pferde und Schweine, ein kräftiges, bisweilen klumpiges Rot oder Braun, ergießt sich in den Fluss und verfärbt sein Wasser auf den nächsten Metern. Große karmesinrote Wolken wälzen sich durch die graugrüne Strömung, lösen sich auf. Die Fische genießen das Bad im Blut der Toten. An den Tagen des großen Gemetzels wird der Platz knapp, man muss früh aufstehen, um sein Territorium abzustecken und die Angelrute auszupacken. Dort gelingt es mir, meine erste Plötze zu fangen, mein erstes *Rotauge*, wie wir hier sagen. Zinnoberrote Flossen. Geschmeidige Schuppen. Der Geruch nach Algen und Tiefe. Ein erstes Wunder. Ein Gedicht feuchter Schuppen. Ein Fisch mit silbernen Reimen, den ich lange gewittert habe, mit klopfendem Herzen, wie ein Tier ein anderes Tier wittert, ohne Scheu, ohne Scham.

Pommade / Salbe

Meine Kindheit ist die eines Kranken. In einer anderen Epoche hätte ich einen hübschen kleinen Toten abgegeben, der, kaum getauft, schon in dem schmalen Viereck unseres Friedhofs und seinen weißen mit zahlreichen Putten aus Gips geschmückten Gräbern begraben worden wäre. Dank des medizinischen Fortschritts überlebe ich. Ich habe mir das richtige Jahrhundert ausgesucht. Ich bin häufig bei Doktor Joachim Meyer-Bisch, der das ernste Gesicht eines Denkers hat und eine seriöse Brille trägt; seine Schneidezähne drücken die Oberlippe leicht nach oben wie bei dem wunderbaren Schauspieler Jean Bouise, den ich leider nie persönlich erlebt habe, was ich noch heute sehr bedaure. Das Wartezimmer in der Praxis ist gemütlich. Ich fühle mich darin sehr wohl. Die Kunstledersessel kleben am Po. Die Regale seiner Bibliothek enthalten nur Werke mit unverständlichen Titeln. Dezente Lautsprecher verbreiten Symphonien und Sonaten. Seine Hände berühren meine Stirn, meinen Bauch, meine Brust. Er hört meine Herztöne ab und wirft einen Blick in meine Kehle, aber er streichelt mir nie den Sack, im Gegensatz zu dem Betriebsarzt meines Vaters, der überprüft, ob ich auf eine Kinderfreizeit mitfahren kann. Scheinbar ist es eminent wichtig, dass die Eier schon nach unten gerutscht sind, dort sind, wo sie hingehören, bevor man an einer Kinderfreizeit teilnehmen darf. Unsere Eltern haben keine Einwände. Doktor Joachim Meyer-Bisch hat einen deutschen Namen, ist aber harmlos. Er hat nichts mit denen gemein, die 1915 meine Großonkel und Großcousins getötet, unsere Höfe in Brand gesteckt und 1942 die kleinen Freundinnen meiner Mutter, die Schwestern Lazarovitch, sowie ihre ganze Familie mit Ausnahme eines Bruders deportiert, vergast und schließlich verbrannt haben. Er steckt in einem weißen Kittel, den er bis oben zuknöpft, aber wenn er auf Hausbesuch kommt, weil ich zu hohes Fieber habe, um das Haus verlassen zu können, trägt er einen Anzug mit Krawatte und einen Pullover mit V-Ausschnitt darunter. Ich sehe seinen Füller mit der Goldfeder vor mir und seine Ledertasche, aus der er ein Stethoskop und einen Rezeptblock nimmt. Er ist nicht freundlich und auch nicht böse. Er ist der Doktor. Er hat eine große Familie, die er in einem großen Mercedes herumkutschiert. Monsieur Gorius, der Apotheker, fährt ebenfalls einen Mercedes, aber er scheint keine große Familie zu haben, denn in seinem Auto ist nur Platz für zwei. Einmal verlangt Monsieur Gorius von mir, zwischen einem Hustensaft und einer Hämorrhoidensalbe zu wählen, weil ich nicht genug Geld für beides habe. Ein Dilemma, das Corneille niemals zu einem Bühnenstück verarbeitet hat, zu Unrecht: Ist das Glück der Kehle dem Frieden des Afters vorzuziehen? Die Salbe muss für meinen Vater gewesen sein. Ich entscheide mich für keines von beiden. Meine Mutter ist sehr aufgebracht. Wir wechseln die Apotheke. Salbe. Das Wort allein sorgt bei mir fast schon für Heilung. Ich mag alles an diesen Salben. Die Tuben oder braunen Gläschen, in denen man sie einsperrt, ihre cremige, bisweilen klebrige Konsistenz, ihren blassen Teint und vor allem ihren Geruch nach Eukalyptus, Kampfer und Senf. Meine Mutter kommt, setzt sich zu mir auf die Bettkante, macht die Knöpfe meiner Pyjamajacke auf. Sie gibt etwas Salbe auf die Fingerspitzen, erwärmt sie leicht, bevor sie sie in einer sanften Massage auf meinem nackten Oberkörper verstreicht, der nur aus Haut und Knochen besteht. Ich spüre sofort das wohltuende Brennen, während zugleich der übersteigerte Duft eines Waldes voller Harz und Menthol mein Zimmer überfällt. Plötzlich, dank dieses Dufts, dank des warmen Zubeißens der Salbe, die bis zu meinen verschleimten Bronchien dringt, dank der liebevollen Fürsorge meiner Mutter, dank des freien Tages, an dem ich wieder einmal nicht zur Schule muss, sondern nach Herzenslust lesen, vor mich hin dösen und träumen kann und jederzeit meine Mutter sehe in diesen Stunden des Tages, an denen sie normalerweise allein ist, geht es mir schon besser.

Prison / Gefängnis

Das Gefängnis ist ein geschlossener Kessel, in dem menschliche Körper, Seelen, Träume, Gewissensbisse und zornige Gefühlsaufwallungen schmoren. Man verbringt dort Wochen, Monate, Jahre. Man isst dort. Schläft. Lernt. Vergisst. Grübelt. Macht sich kaputt. Fällt. Steht wieder auf. Entleert seinen Darm. Holt sich einen runter. Manchmal lässt man sich in den Arsch ficken. Man versucht, die Zeit totzuschlagen. Aber das Gefängnis ist deshalb noch lange kein abstoßender Ort. Wir haben ihn erschaffen. Nach unserem Bilde. Im Grunde ist er für die Menschheit, was die Essenz für den Duft ist: ein Konzentrat. Etwa zwölf Jahre lang gehe ich mehrmals pro Woche ins Gefängnis, um dort zu unterrichten. Bis ins Jahr 2000. Seither hat es einen festen Platz in meinem tiefsten Inneren, in meiner Empfindsamkeit und auch in meinem Urteil, es ist fest darin verankert. Mitnichten versuche ich, es zu verscheuchen. Es gehört zu den Orten mit einem eigenen Geruch wie das Krankenhaus – irgendetwas wie auch immer geartetes Kühlschrankhaftes –, das Altenheim – klare Brühe und reglose Gestalten –, die Turnhalle – Stinkefüße, Schweiß, der Schaumstoff der Bodenmatten. Das Gefängnis ist einer dieser Orte. Ein Witzbold würde sagen, hier riecht es eingesperrt. Er hätte nicht ganz unrecht. Sagen wir lieber eingeschlossen oder eingefangen. Dieser Zustand, der der Menschheit vollkommen zuwiderläuft, ist der Mensch doch von Natur aus ein Nomade, ein Reisender, ein Umherziehender, frei. Die Gefängniswelt, das Prinzip der Haftanstalt, bringt ein spezifisches Verhalten hervor, ein pathologisches, das man sonst nirgendwo antrifft, und besondere Gerüche. In ihnen ist alles verblasst, abgeschwächt, erstickt, und was sich draußen hemmungslos entfalten kann, stagniert innerhalb der dicken Mauern, unter den hohen Glasdächern, in dem schmalen, von Gitterstäben begrenzten Blickfeld. Gezügelt, gebremst, gedämpft, büßen die Gerüche des Lebens im Gefängnis eine Oktave ein. Sie verblassen, erschallen nicht in vollen Tönen. Kaum ins Innere gelangt, lösen sie sich auf und verpuffen. Sie erliegen der Patina der alten Mauern, den schmierigen Böden, die doch stets gewischt werden, der abgenutzten Tristesse der Farben, die man jedes Frühjahr vergeblich neu aufträgt. Wie die Wesen, denen sie Gesellschaft leisten, geben sie sich keine Mühe mehr, etwas herzumachen und sich herauszuputzen. Sie geben ihre wahre Natur auf, resignieren, werden zu einem Einheitsbrei. Das ist es, was den Geruch dieses Ortes, den es in unserer Welt gibt, ohne so recht da zu sein, am besten trifft: Die Gerüche weigern sich, ihr wahres Ich zu zeigen und sich voneinander zu unterscheiden. Sie geben sich auf. Sie verzichten. Der Duft des Gefängnisses ist ein gebeugter Duft.

Pull-over / Pullover

Kleider wahren die Erinnerung an jene, die sie getragen haben; dann, eines Tages, trennen sie sich von ihnen, ohne Vorwarnung und mit einer Brutalität, die das Wesen lebloser Gegenstände ist. Materie ist zu weitaus größerem Verrat fähig als Menschen. Wir tragen Tücher, Wolle, Pelze am Leib, die unser Innerstes kennen, die an uns schnuppern und uns ähneln, in deren Poren wir den Duft unserer Haut, ihren olfaktorischen Abdruck und ihren Atem hinterlassen. So hüte ich einen alten Pullover, den mein Onkel Dédé trägt, wenn er zum Arbeiten zu uns kommt. Zehn-Stunden-Tage, Seite an Seite, zwischen Staub, Bauschutt, Gips, Mörtel, blauen Gauloises und gemeinsamen Bierchen. Es ist das zweite Haus, in dem wir miteinander arbeiten. Das erste haben wir zu dritt renoviert. Mein Schwiegervater Iaschou als Bauleiter. Mein Onkel und ich als Hilfsarbeiter. Eine glückliche Erinnerung. Iaschou sollte wenige Jahre später sterben. Eines Morgens koche ich Kaffee und warte wie üblich auf meinen Onkel. Er wird nicht kommen: Er ist in der Nacht verstorben. Sein Pullover ruht auf einer Leiter. Eine nahezu menschliche Gestalt. Müde. Mit ein paar Löchern. Zwei frischen Gipsflecken, die sich in die Fasern des Gewebes gefressen haben. Ich vergrabe mein Gesicht darin wie in der

Ellenbeuge eines geliebten Menschen und weine. Mein Onkel ist da, auf brutale Weise gegenwärtig im kalten Zigarettenduft, dessen Spuren von einem billigen Aftershave, Zementstaub und Tapetenkleister leicht gemildert werden, einer Alchimie, die das Kleidungsstück ungewollt in sich gebündelt hat. Ich kann den Pullover nicht entsorgen, noch kann ich ihn selbst tragen. Ich räume ihn auf den Dachboden, in einen Schrank, aus dem ich ihn häufig hervorhole, um ihn zu berühren, daran zu riechen und so meinen Onkel wiederzufinden, den ich seit meiner Kindheit sehr geliebt habe, der mich wie ein zweiter Vater aufwachsen sah, jedoch von den Bürden und Sorgen der Vaterrolle befreit, wodurch er unbekümmerter und lustiger sein konnte als mein Vater. Trauern heißt, dem Tod eine Handvoll Leben in die Augen werfen. Man weiß, dass er daran nur kurz erblinden wird, doch es tut uns gut. Wir können weitermachen. Irgendwann, als ich den Pullover an mein Gesicht drücke, finde ich darin nichts mehr. Er hat sich von allem getrennt. Mein Onkel hat ihn verlassen. Der Pullover ist nur noch eine alte Klamotte, ohne Erinnerung, ohne Seele. Ich behalte ihn trotzdem. Er ist noch immer dort oben, im Schrank auf dem Speicher, dem Himmel ganz nah.

Remugle / Muff

Schüler in Zweierreihen, dicht gedrängt, im schrägen Regen der deprimierendsten Monate der Kindheit, Oktober, November, März, Monate ohne Schnee, nasskalt. Wenn Regenschauer über die Region Lunévillois ziehen, wird der Wanderausflug der Internatsschüler am Mittwochnachmittag gestrichen. Ich werde also nicht nach Jolivet, Chanteheux, La Petite Fourasse oder Méhoncourt kommen, um ein Stück Natur, Wiesen und mäandernde Flüsse zu erleben, mich Träumereien hinzugeben, das weißschwarze Gewand der Kühe zu betrachten, ihre mit warmer Milch gefüllten Euter, die offenen Scheunen zu riechen und ihre Innereien aus Heu und Stroh. Ich werde nicht in der Ferne das blaue Trapez des Donon erkennen, der sich von der Kette der Vogesen abhebt und mir ein emotionaler Kompass ist, mit dessen Hilfe ich meine Wurzeln finde, der mich beruhigt und beglückt. Wir verlassen das Internat unter den gutmütigen Blicken von Monsieur Chapotot. Der Erzieher führt uns zur städtischen Bibliothek, die sich an die Sandsteintürme der Kirche Saint-Jacques schmiegt. Dort bleiben wir etwas mehr als drei Stunden. Jean-Christophe Vaimbois, genannt Nichon, der mit neunzehn Jahren beschließt, aus dem Leben zu scheiden, Hervé Lelièvre, Yannick Wein und die anderen. Die Köpfe gesenkt, lesend oder dösend, je nachdem. In jener Stille, die von der früh einsetzenden Dämmerung noch verstärkt wird, welche den Lesesaal mit einer grauen Lasur überzieht. Auf dem Boden breite unlackierte Dielen. An den Wänden die Bücher, große und kleine, alte und moderne, eng aneinandergedrückt wie frierende Nachbarn. Ich lese, bis ich nichts mehr sehe. Die Zeit geht in Deckung. Ich kenne keinen Ort, kein Alter mehr. Ich blättere mich Seite für Seite durch jenen Geruch nach altem Papier, nach neuer Tinte, Schutzumschlägen, überzogen mit einer Schicht aus Staub, dessen aufgescheuchte Körner sich unter den Lidern der Lampen drängeln, nach der Feuchtigkeit schwerer, selten aufgeschlagener Werke, die darunter zu leiden scheinen und daher winzige Tränen vergießen. Gewiss geschieht es hier, in dieser alten Bibliothek, in der größten Stille, inmitten der abwesenden Gesichter meiner Kameraden und ihren sich langweilenden Gliedmaßen, trunken von dem Muff – so nennt man den Geruch alter Bücher, wie ich viel später erfahren werde –, dass ich ein Land betrete, jenes der Fiktion und ihrer tausend Pfade, welches ich seitdem nicht mehr verlassen habe. Ich bin wie die Bücher. Bin in den Büchern. Bin Leser und Handwerker. Es ist der Ort, an dem ich wohne und der mich am besten beschreibt.

Réveil / Erwachen

Mit dem Staunen des Lebenden verlasse ich die Nacht. Je weiter die Zeit fortschreitet, desto mehr kommt mir dieser banale Moment wie ein zarter Aufschub vor, der ständig wiederkehrt. Meine Furcht ist groß, dass er zu Ende geht und ich eines Abends, ohne es zu wissen, beim Schlafengehen, wenn ich das Licht lösche und jene, die ich liebe, küsse, diese vertrauten Dinge zum letzten Mal mache. Es ist nicht die Angst zu sterben, vielmehr die Furcht, nie mehr zu leben, allein unbekannte Wege zu beschreiten, sei es den des Todes, dessen Beschaffenheit kein Mensch kennt, der mir indes eine Sackgasse scheinen will, deren Ausmaße meine außer Gefecht gesetzten Sinne und mein für immer erloschenes Bewusstsein nicht ausmachen können, seien es die des Lebens, jedoch um die Anwesenheit meiner Liebsten beraubt, eine nunmehr düstere Existenz, radikal beschnitten und triefend vor Blut. Wenn ich daher erwache und in dieser trägen Welt allmählich meinen Platz finde, in aller Frühe beim ersten Morgenlicht, und wenn meine Hände wie magnetisiert jenen Körper berühren, der neben meinem ruht, und ich die Wärme dieses Körpers spüre, den langsamen Atemrhythmus, sofern er sich noch im Schlaf befindet und nicht ahnt, dass ich diesen bereits hinter mir gelassen habe, schmiege ich mich an ihn, Haut an Haut, genieße die nächtliche Wärme, in den groben Stoff der Laken gehüllt und in den zarteren, leichteren Stoff des Nachthemds, das ihn bedeckt, dabei Schultern, Arme und den Halsansatz freilässt, auf dem meine Finger nun das Leben spüren und das pochende Blut. Es sind Augenblicke größter Intimität und Liebe, die keiner Worte bedürfen. Der Duft jener, die sich lieben und gemeinsam, wenngleich durch ihren jeweiligen Schlaf getrennt, die nächtlichen Stunden verleben, ist dem vergleichbar, der Märchen durchzieht, in denen Prinzessinnen, in ihrem ewigen Schlaf erstarrt, auf den Kuss ihres Prinzen warten. Was ich in mich aufnehme, ist die Wärme des Winterschlafs, gesättigt von der Ruhe, die den Körper entspannt, ihn löst wie einen weichen Seidenstoff, den man aus der Schublade in die Freiheit entlässt. Bevor meine Liebste die Augen aufschlägt, noch bevor sie mich sieht, mich anlächelt, möchte ich, indem ich an ihrer Haut und ihren Haaren rieche, das Zusammensein festhalten, das diesen Moment des Erwachens zu einem Neubeginn unserer Liebe macht, eine dauerhafte Harmonie wiederauferstehen lässt.

Rivières / Flüsse

Mit den nackten Füßen über dem Staudamm überragen wir das herabstürzende Wasser, glückliche kleine Jungen im Lärm der tosenden Fluten. Unsere Zehn-Gang-Rennräder von Peugeot, mit zwei Schlössern am Geländer des Transformators befestigt, warten auf uns. Die Meurthe fließt bergauf wie eine fette Boa, satt und träge, die sich zwischen der Digue und der Île aux Corbeaux zur Ruhe gelegt hat. Sie ist tief. Und man stellt sich all jene *versonnen seligen Wasserleichen* vor, die zwischen zwei Wassern schwer an ihren Sorgen tragen. Dann folgt das eigenwillige Bauwerk aus Beton, eine sanfte Rutsche, breit wie ein Bett und dreißig Meter lang. Der Strom fließt schnell und schmächtig – kaum dass er uns die Waden leckt –, schwenkt lange Moosfetzen mit grünem Bart, die dem durchsichtigen Fluss jäh das Flimmern eines Gebirgsbachs verleihen. Wir angeln in der ohrenbetäubend schäumenden Gischt, sie stößt einen sanften Sprühregen aus, der nach Schlamm und warmem Wasser riecht. Großreinemachen. Niagara. Sambesi. Das Abenteuer in Reichweite der Tretkurbel, und am Abend, das Netz voller Rotaugen und Weißfische, kehren wir mit unserem Fang erschöpft nach Hause zurück, stolz, als hinge das Überleben unserer ganzen Familie davon ab. Region fließender und stehender Gewässer. Flüsse, Kanäle, Tümpel und Teiche umgeben meine Stadt und prägen sie, überfluteten sie einst regelmäßig am Ende des Winters und durchzogen die Rue du Saulcy Pitou, in der meine Tante Paulette wohnte, und die Rue du Moulin mit schlammigen Schärpen, auf denen die Bewohner in Booten zu ihren Häusern gelangten. In meiner Erinnerung sind mit jedem Ort große Lehrmeister verbunden. Der alte Frache mit seinem Popeye-Gesicht hat mir alles über den Sânon beigebracht. Die Damen Gye und Pauly – die einzigen weiblichen Angler von Dombasle – alles über den Poncé, der gute Bergé alles über den Grand Canal, der gute Idon über den Petit Canal und die raffinierte Technik des Hanfsamen-Angelns, mein Onkel Dédé über die seichten Buchten der Meurthe. Angeln ist eine Frage von Geduld und Lektüre. Bevor man die Angel auswirft, empfiehlt es sich, das Wasser zu lesen, zu wittern, ihm den Puls zu messen, seine Tiefe, seine Fallstricke, seine Tücken auszuloten. Mit verbundenen Augen könnte ich die Gewässer benennen, wenn ich ihren Atem rieche. Morast und Dieselgeruch beim Rhein-Marne-Kanal, trockenes Schilfrohr, Kloakengestank, schwarzer Schlamm beim Poncé, vergängliches, frisches Grün beim Petit Canal, erdiges Sickerwasser an den hohen lehmigen Böschungen des Sânon, eine mal süße, mal salzige Trägheit bei der Meurthe, in deren unmittelbarer Nähe der Queller wächst, den man roh knabbert wie früher Sauerampfer. Ich mag die Verbindung von Land und Wasser. Flüsse beruhigen mich und nehmen mich mit. Das Träumen am Wasser entspricht meinem unbeständigen Wesen am ehesten, denn ich bekomme mich nicht einmal selbst zu fassen. Auch erinnere ich mich an mein Glück, einige Zeit in Städten gelebt zu haben, die von Flussschleifen eingeschlossen waren: Fumay in den Ardennen, eine tote Stadt, ehemals vom Schieferabbau geprägt, die am Fuß ihrer Wälder von der Meuse umzingelt wird, Besançon, mit dem sich der Doubs verbündet, Straßburg mit dem schnell fließenden Ill. Womöglich liegt es an der Erinnerung an alte Besatzungsängste, dass ich paradoxerweise diese natürlichen Verteidigungsanlagen mag, bewegte und fischreiche Wassergräben, zwischen denen die Stadt friedlich zu schlafen scheint. Auch glaube ich und habe es mehrmals überprüft, dass mir dieser Bach und diese Flüsse – ohne dass ich es merke – dank plötzlicher Dämpfe, die der Strömung entsteigen, Neuigkeiten aus der Heimat bringen, die ich für einige Zeit verlassen habe. Es sind verwirrende Sekunden, in denen sich die heutige und die erinnerte Geographie vermischen, in denen ich kein Alter habe, in denen man mir auf dem Umweg über ein aktiviertes Sinnesorgan einen Streich spielt und mich einerseits bedauern lässt, dass ich mich an diesem Ort befinde, mich zugleich jedoch damit beglückt, tausend Meilen von meinem Geburtsort entfernt, Duftfragmente wahrzunehmen und so, wie ein geduldiger Archäologe es mit den Scherben eines Tongefäßes macht, den zerbrochenen Alltag von früher zusammenzuleimen.

Salle de classe / Klassenraum

Die Tinte an unseren Fingern hinterlässt polizeilich verwertbare Spuren, die der Kaltwasserhahn unter dem Zementdach des Schulhofs in der Pause in bläuliche Tropfen verwandelt. Wir schreiben mit der Zunge zwischen den Lippen, in Schulkittel gesteckt, die von Monat zu Monat enger werden, die Ellbogen flach auf dem Pult. Die Feder, mit Spucke geschmeidig gemacht, gleitet über das karierte Papier. Grundstrich und Haarstrich. In unseren Bewegungen und unserer Konzentration gleichen wir mittelalterlichen Kopisten. Kreide, Kittel, Schiefertafel, eine Feder von Sergent-Major, ein rosafarbenes Löschblatt, die Tinte im Keramikfass in das Holz des Schulpults gezwängt. Die Mythologie der Volksschule macht uns zu kleinen Modellen für Sonntagsfotografen à la Doisneau, wie wir berauscht den cremigen weißen Leim, der nach frischen Mandeln riecht, einatmen und mitunter kosten. Monsieur François raucht seine Zigaretten mit großer Eleganz und streicht sich mit der rechten Hand durch das silberne Haar. Er hat die Ausstrahlung eines Monarchen, wenn er uns an die Tafel holt, um uns abzufragen. Ich erstarre vor Schreck, obwohl ich die Antworten weiß. Ich empfinde eine Angst, wie ich sie später nie wieder erlebe, außer vielleicht kurz darauf in der Achten bei

Monsieur Gueutal, dem Mathematiklehrer, der niemals lächelt und ein eigenartiges Nazigesicht hat, das weiße Haar fast kahl geschoren, den Blick unerträglich stählern wie Laurence Olivier in *Der Marathon-Mann* – wobei er in Wahrheit und außerhalb des Unterrichts ein hochanständiger Mensch zu sein scheint. Wenn wir zögern, erhebt sich Monsieur François und kommt auf uns zu. Er packt uns bei den dünnen Haaren an der Schläfe und zieht uns langsam hoch, je mehr wir uns in falsche Antworten verstricken. Schmerz. Schmerz, der sich ausbreitet und zunimmt. Sich auf die Zehenspitzen stellen, damit er nachlässt. Davonfliegen wollen. Der Boden des Klassenraums besteht aus dicken Planken, die jede Woche mit Javellauge gewischt werden. Verblichenes Holz, durch Generationen von Schülerschuhen abgenutzt und ausgetreten. In seinen Fasern hält sich der Geruch von Chlor, während sie sogleich versuchen, ihren eigentlichen Geruch zu behaupten, den schüchternen Duft von Holz, eine Art olfaktorisches Echo, das sich von dem Baum, zu dem es einst gehörte, fast ganz gelöst hat. Wenn ich anderswo, in verlorenen Dorfkneipen und Gemeindesälen, zufällig auf einen ähnlichen Fußboden treffe, spüre ich noch heute, wie sich meine Füße instinktiv auf die Zehenspitzen erheben und meine Finger an die Schläfen fassen.

Sapin / Tanne

Von den Bewohnern der Vogesen heißt es, sie seien halb Mensch, halb Tanne, womit man sich über ihre wortkarge und derbe Art lustig macht. Weit weg von Tannenwäldern verläuft mein Leben gebremst. Ich komme mir wie entwurzelt vor. Mir fehlen ihr Immergrün, ihre Weite, ihr glänzend riechendes Harz, ihre harmlosen Nadeln. Vor dem Krieg ist mein Vater Holzfäller, Bauer, Raffineriearbeiter. Die Nachkriegszeit macht ihn zum Polizisten, der seine Wälder jedoch nie vergisst. Sein Elternhaus liegt mittendrin. Dunkler Wald, der sich den Hang hinaufzieht bis zur Roche de la Soye, zu den Ruinen des Château de Pierre-Percée und zum Col de la Chapelotte, auf dem im Ersten Weltkrieg so viele Kämpfe stattgefunden haben, dass man noch immer seine Wunden sieht. Mein Vater ist an vielen Einschlägen im Tal der Plaine beteiligt, in deren Wasser sich Forellen und Elritzen tummeln und neben der eine alte Römerstraße verläuft, unterhalb des majestätischen Donon, auf dessen Gipfel ein Sandsteintempel dem Kult der Veleda huldigt. Die Gegend gehört zur verharztesten in ganz Frankreich. Man kann den Tannen, alt oder jung, schwarz, riesig, von nahezu karolingischer Majestät, oder den Fichten, wie Brigaden an den Wegen angeordnet, nicht entgehen. Picknick. Wir beladen den

R4 mit Körben, Decken, Klappstühlen, Rechauds, Schüsseln, Boulekugeln und Federballschlägern. Wir fahren nicht weit. Wir kehren an den Ort der Kindheit zurück, an einen Bach mitten im Wald, den wir über einen Pfad mit rosafarbenem Sand erreichen. Unser Platz. Die Sonne ist hinter das Laubdach verbannt. Im Schatten riecht es nach Pflanzensaft und Moos. Der Bach färbt die Finger blau, wenn man sie zu lange hineintaucht. Bier und Wein werden darin rasch gekühlt. Oft sind wir in Begleitung von Onkel Dédé und Tante Jeanine sowie von meiner Tante Paulette, die ich nur als Witwe kenne, ihr Mann Nénesse ist vor meiner Geburt in einer Fabrik der Saline an einem Stromschlag gestorben. Wir posieren auf Fotos im Format 6 × 9 mit gezacktem Rand, sitzen um einen Campingtisch herum. Lächelnd, im Unterhemd, mit vollem Bauch. Die Tannen umranken uns mit ihren niedrigen Zweigen. Es ist eine Welt der Ruhe mit summenden Bienen, kriechenden Nacktschnecken, Pharaoameisen und blauen Eichelhähern, die im Davonfliegen hin und wieder eine weiße Feder mit grauem Muster fallen lassen, die ich mir ins Haar stecke. Ich grabe im Moos, das selbst im heißesten Sommer stets ein wenig Feuchtigkeit bereithält, ein torfiger Schwamm. Manchmal reiße ich kleine Kissen aus und lege sie mir auf die Beine. Hier darf ich mich schmutzig machen, mich im Farn wälzen, mir die Wangen mit Humuserde einreiben, die nach Heidekrautwurzeln riecht. Alles ist erlaubt. Ich streichele die Stämme der Tannen. Meine Hände verkleben mit dem Harz, das Tränen gleicht. Ich löse Kristalle, die nach Halsbonbons riechen und die Wunden der Bäume bedecken. Spechte haben sie mit ihren unbarmherzigen Schnäbeln gebohrt. Grünspechte, Buntspechte, die auch Rotärsche genannt werden, dicke Erdvögel. Die Zeit steht still. Ich höre die Erwachsenen lachen, die das Picknick verdauen. Ich esse, was ich finde, Bucheckern, wilde Himbeeren, Heidelbeeren, Brombeeren, junge Knospen. Am liebsten wäre ich ein Reh. Auf dem Rückweg schlafe ich im Auto ein, eingehüllt in meine Tierträume und in eine Decke, auf der sich noch Tage später Tannennadeln und Sandkristalle finden.

Sauce tomate / Tomatensoße

Wir leben von unseren Vorräten. Die Gärten geben uns Gemüse, die Wiesen Obst. Kaninchen- und Hühnerställe liefern Fleisch und Eier. Zwei- bis dreimal im Jahr wird eingekauft, wir decken uns mit riesigen Mengen ein: einem halben Schwein, das wir zerlegen, pökeln, räuchern, einfrieren, zu Würstchen, Schweinskopfsülze und Blutwurst verarbeiten, sowie Zucker, Reis, Linsen und Nudeln, als stünde uns unmittelbar ein Krieg bevor. Vorräte anlegen ist ein Akt des Überlebens, ein nicht zu kontrollierender Reflex in unserem Lothringen, dem Fußabtreter Europas, an dem früher oder später alle Armeen ihre Stiefel und Hintern abgewischt haben. Während der Saison essen wir frisch, die restliche Zeit des Jahres Eingemachtes. Einmachgläser von Le Parfait. In Kellerregalen aneinandergereiht. Eine reglose Parade. In tadelloser Habachtstellung. Die transparenten Urnen offenbaren ihre Innereien: Erbsen, Bohnen, Karotten, Kaninchen oder Huhn in Aspik, Mairüben, Sauerkraut, dicke Bohnen, Gewürzgurken, Kirschen, Johannisbeeren, Himbeeren, Tomatensoße. Sommerarbeiten: ernten und zurichten, also köpfen, entstielen, klein schneiden, auspressen, entsteinen, schälen, kochen, je nachdem. Aus der trockenen Erde, deren Oberfläche wie eine spröde, dünne Kruste wirkt, entsteigt ein Wirrwarr an Grün, riesig und im Fall der Bohnen von großen Stöcken gestützt, die wir *Stangen* nennen. Weiter unten der Liliputanerwald der Tomatenpflanzen. Noch weiter unten, kriechend und unterwürfig, die Kürbisse. Das leidvolle Gießen in der Dämmerung, morgens und abends, entlarvt die intimsten Seiten der Kulturen, als hätte man sie nackt geduscht und als hätte das Wasser auf ihrem Körper den jeweiligen Duft der Pflanze angenommen. Tomaten offenbaren dabei ein gewaltiges aromatisches Talent – man fühlt sich sogleich in den Garten eines provenzalischen Pfarrers versetzt –, während Salate eine kurzlebige Frische preisgeben, Gewürzgurken pikante proletarische Duftnoten, Bohnenblätter eine Dschungelfeuchtigkeit. Reifeprozess. Die geschwollenen Tomaten, aufgrund des drängenden Fruchtfleischs an manchen Stellen gesprungen, bauchig, zystös, wunderbar ungleich, werden in Weidenkörbe gelegt. Im Hof hinter dem Haus, im frischen Schatten des Nordens, stellt mein Vater einen großen Brenner auf den Boden und schließt ihn an eine Gasflasche an. Meine Mutter spült Blechtöpfe, die so groß sind, dass man mich darin kochen könnte. Ich beobachte die Szene von oben, stütze mich mit den Ellbogen am offenen Fenster unserer Küche auf. Aztekenmassaker: Die Hände meiner Mutter sind blutverschmiert. Ihr Messer schneidet, zerdrückt und trennt, lässt das Fruchtfleisch hervorquellen, legt Kerne und Alveolen frei. Die Tomaten weinen mit ihrem Saft. Ich denke an Marmelade, und plötzlich verspüre ich große Lust, meine Arme hineinzutauchen.

Die Töpfe sind voll. Alles wispert, plätschert, schwätzt und brodelt. Meine Mutter rührt mit einem Kochlöffel um, probiert mit dem Finger, würzt, singt *Que sera, sera*. Mein Vater pfeift die Melodie dazu, baut den Sterilisator auf, eine Art Zinkkessel, der an einen Zylinderhut für Riesenmenschen auf Jahrmärkten erinnert. Alsbald haben sich die Tomaten aufgelöst. Zurück bleibt ihr vermischtes Blut, glatt gerührt, vermengt, kochend heiß, dessen Dämpfe zu mir aufsteigen und mich bezirzen. Zucker und Sonne. Sommerliches Kondensat. Mit Hilfe einer Suppenkelle füllt meine Mutter die Einmachgläser, die mein Vater ihr reicht, dann legt er ihnen einen Gummiring um den Hals, verschließt sie und stellt sie in den Sterilisator. Wasserdampf schwebt auf einer mathematischen Bahn über unseren Köpfen und sucht nach einem Kreistheorem. Später werde ich mit dem Gartenschlauch spielen und Regenbögen erzeugen. Werde angeln gehen. Noch später, nach meiner Rückkehr, werde ich an den noch warmen Töpfen lecken. *Que sera, sera!*

Savon / Seife

Perfekter Block. Ein ausgefallener Tierzahn, der einem großen Gebiss entstammt und unter den Fingernägeln, die an ihm kratzen, ein wenig von seinem Zahnschmelz und seinem Zahnmark hinterlässt. Schwer zu packen und glitschig flüchtet er sich ins Wasser des öffentlichen Waschplatzes, das er bereits zu einer hellen Milch verfärbt hat. Die Frauen reden. Sie sind alt, die Haare gelblich und grau, zu Knoten gebunden. Alt wie alle Frauen, wenn man ein Kind ist, aber diese sind noch älter, sie wurden Anfang des Jahrhunderts, des zwanzigsten, geboren und haben ihr Leben unter dem blutigen Stempel der Kriege verbracht. Es riecht nach Badehaus, nach der Sauberkeit durchsichtiger Seifenblasen, die sich bisweilen unter den Bleuelschlägen bilden und die ich gleich zum Platzen bringe. Denn ich befinde mich im Wasser, ein menschliches Fischlein unter dem Blick der Wäscherinnen, die mich bespritzen. Die Laken winden sich in ihren Händen. Sie wischen sich den Schweiß von der Stirn. Lachen, schwatzen, tratschen, ohne dabei die Arbeit zu verlangsamen. Ich kann nicht schwimmen. Meine Füße berühren den rauen Boden des Beckens. Ich sehe sie nicht. Auch meinen Körper sehe ich nicht. Er wird von der Seife gefressen, die sich im Wasser aufgelöst hat. Und ihr schlichter, primitiver, etwas kalter, nahezu klinischer Geruch erfüllt meinen Körper, als sollte dieser ebenfalls gewaschen werden. Meine Großmutter hebt mich aus dem Wasser. Mühelos nimmt sie mich hoch. Ich wiege nichts. Ich bin nur ein kleines menschliches Wesen, das sie mit einem Zipfel ihres blauen Kittels abtrocknet. Ich schlottere. Bekomme Gänsehaut und zittere. Ich rieche an mir. Ich bin zu Seife geworden. Großmutter zieht mich an. Ich renne nach draußen, in die Sonne. Kneife die Augen zusammen. Lasse mich von der Tageswärme umhüllen. Dort ist der Pont des Voleurs, so schmal, dass zwei Männer zu Fuß nicht aneinander vorbeikommen. An dieser Stelle gesellt sich das Wasser des Waschhauses über ein Eisenrohr zu dem des Sânon. Ein langer weißer Streifen, einer Milchstraße gleich, die gnadenlos ihre Galaxien in den Strudel gräbt. Seltsames Geschöpf, endlos und flüssig, für die erstaunten winzigen Setzlinge, die sich hineinstürzen, mit nervösen Bewegungen herumtollen, unkontrolliert und glücklich, und die schließlich daran sterben, regloser schuppiger Reisig, den die Strömung mit sich fortträgt.

Sexe féminin / Weibliches Geschlecht

Wovon träumen viele Jungen, wenn sie Mädchen sehen? *Davon,* natürlich. Die menschliche Natur ist eine doppelte, sie besteht aus zwei ebenbürtigen Mysterien, die sich beobachten, berühren, vermischen, ohne sich dadurch zu verändern, es sei denn minimal. Unsere Körper, auch wenn sie bisweilen miteinander zu verschmelzen scheinen, verschmelzen trotz allem nie. Heiß glühender Mann, feuchtkalte Frau, gemäß der alten Temperamentenlehre, falsch natürlich, doch, ach, wie poetisch. Seit dem Kindergarten will ich das Geschlecht der Mädchen kennenlernen und erfinde Spiele und Wetten, um meine Finger in die Baumwollhöschen meiner Kameradinnen zu schieben. Mit meinen fünf Jahren streichele ich merkwürdig zarte Wülste, die in der Mitte von einer vertikalen samtweichen Linie gespalten werden, die Grenze eines Landes, an dessen Marken ich vorsichtig, womöglich verängstigt verharre, anstatt meine Entdeckungsreisen fortzusetzen. Joëlle, Christine, Véronique, sinnliche Gefährtinnen, die nach Niveacreme, warmer Kinderhaut und dem Waschpulver ihrer Mutter riechen: Paic, Coral, Ariel. Dann folgt eine große Leere. Die Scham, weniger meine als vielmehr die meiner Freundinnen, sowie die Geschlechtertrennung, die die Volksschule zwischen Jungen und Mädchen vollzieht, treiben uns auseinander. Die weiterführende Schule bringt uns wieder zusammen, aber wir haben uns verändert. Wir Jungen geben mit brutalen Aktionen an, während die Mädchen auf dem Hof kleine murmelnde Kreise bilden und uns mit spöttischen Blicken bedenken. «Nach Mädchen riechen» wird für uns zu einer Beleidigung, und wir erzählen Witze über die olfaktorische Nähe ihres Geschlechts zu dem von Niedrigwasser, von altem Fisch, rosa Krabben oder Sandgarnelen, ohne sie jemals verifiziert zu haben. Demonstrativ zur Schau getragener Ekel, zumal wir erfahren, ohne es wirklich zu begreifen, dass von Zeit zu Zeit zähflüssiges Blut ihren Schritt besudelt, das aus ebenjener Spalte kommt, an die wir nur sehr vage Erinnerungen haben. Sabine hat einen orangefarbenen Badeanzug, den sie noch nie getragen hat. Erster Schwimmbadbesuch. Jungen und Mädchen beäugen sich gegenseitig, voller Neugier. Wir spucken weniger große Töne. Wir Jungen haben noch unseren geschlechtslosen Kinderkörper, während die Brüste der Mädchen anschwellen und sich unter dem Badeanzug abzeichnen. Tauchen, aus dem Wasser steigen, der Reihe nach. Sabine taucht und steigt aus dem Wasser. Ihr nasser Badeanzug ist nicht mehr orange. Er ist durchsichtig geworden. Über ihren Schenkeln zeichnet sich – einem kabbalistischen Zeichen gleich – ein schwarzes Dreieck ab. Sie merkt es und versteckt es verschämt hinter ihren gefalteten Händen. Zu spät. Mein Mund steht schon offen. Völlige Lähmung. Man erinnert sich später sehr genau an den

Moment, in dem man eine Berufung verspürt. Noch heute habe ich ihn in aller Deutlichkeit vor Augen. Er hat eine Suche nach sich gezogen, deren Wonnen sich niemals erschöpfen. Auf der *Jagd nach dem Blonden* sind Nerval und Gautier durch ganz Europa gereist. Ich widme Jahre der Suche nach dem weiblichen Geschlecht. Es ist weniger eine Suche nach den Ursprüngen, um zu ermessen, was Paul Claudel mit einem schrecklichen Jagdterminus, der mich vermuten lässt, dass er es weder geliebt noch respektiert noch wirklich gekannt hat, *den Bau der menschlichen Rasse* nennt, sondern eher um mich an seinen Nuancen in Form, Anmut und Geruch zu ergötzen. Denn kein Geschlecht gleicht dem anderen, keins schmückt sich mit den gleichen Wohlgerüchen, und die Küsse, die man darauf drückt, Opfergaben oder Tröstungen, versuchen das Zutrauen der hübschen schlafenden Kreatur zu gewinnen, die dort zu leben scheint, in einem starken Parfum, das je nach Frau an Zedernwald, Toastbrot oder leicht säuerliches Zitronat erinnert, an den Moschusduft wilder Pelze, an Milch, Malz oder Karamell, alles jedoch in abgeschwächten Molltönen, geflüsterte Gerüche, die, um wahrgenommen und gepriesen zu werden, fordern, dass man sich ihnen nähert, dass man seine Nase und seine Lippen darauf drückt, dass man sie küsst und riecht, mit geschlossenen Augen, in der demütig knienden Haltung des Oranten vor der Göttin. Die Finger und Lippen, die auf dem Geschlecht der Frauen ruhen und träumen, bewahren lange, lange die

Erinnerung an ihr Parfum, als wollte es nicht sterben, so wie auch wir nicht sterben wollen, außer vielleicht im schönsten aller Träume, in der Beuge ihrer Schenkel.

Station d'épuration des eaux / Kläranlage

═══

Man steigt nicht mehr über Abwässer. Der Rockheber hat ausgedient. Kaum dass er in den Romanen Balzacs überlebt. Er ruhe in Frieden. Ein Wort ist tot. Die Kanalisation hat es besiegt. Die Kanalisation. Die Kanalisation, die im Übrigen ebenso für die Hygiene wie für den Geist erfunden wurde: Im Dienste der Gesundheit unterstützt sie auch die Heuchelei, da wir so gern Dinge verschwinden lassen. Uns selbst belügen. Wir produzieren immer mehr Müll, aber wir heben den Teppich hoch und fegen alles darunter. Abwasser. Schmutzig, trüb, verunreinigt, ranzig, voller Schlamm. Ein Belastungszeuge. In seiner Jauche steht unser Leben geschrieben, aber wann kommt es zum Prozess? Die Stadt erleichtert sich in große Rohrleitungen und leitet in die Becken von Braumeistern weit jenseits ihrer Grenzen ihr schmachvolles Spülwasser, dem sie mit zugehaltener Nase den Rücken kehrt. Schwimmbäder ohne Badende, ohne Bademeister. Unter freiem Himmel. Inmitten hübsch gepflegter Rasenflächen. In der Kläranlage klärt und reinigt man nach Verfahren, die der Normalsterbliche nicht kennt. Kaum sieht er hinter dem Gitter den Schlamm, der gerührt wird, als handelte es sich um Traubenmost im Gärungsprozess. Doch hier ist der Neugierige selten. Die Farben entmutigen noch den kühnsten

Betrachter: klumpig-braun, krankhaft-beige, Durchfall-ockrig, darmgrau. Eine beunruhigende pathologische Palette, als bestünde Lebensgefahr für eine ganze Welt. Man könnte meinen, es würde hier stinken. Das ist jedoch nicht der Fall. So wie Kleider keine Leute machen, macht die Farbe noch keinen Geruch. Man kann durchaus unter der äußeren Erscheinung des Biests die Seele der Schönen ahnen. Wer könnte das? Wir alle, wären wir nur dazu bereit. Lagune. Wände, an denen seit Jahrhunderten ein zwitterhaftes Wasser leckt, halb süß, halb salzig. Angenagte Fundamente gealterter *palazzi* mit arabisch anmutenden Fenstern. Bemooste Brücken. Ufer aus Backsteinen, die im Laufe der Zeit porösen Knochen gleich zu Schwämmen geworden sind. Pflöcke zum Vertäuen von Booten, von den Gezeiten und Algen stets frisch gestrichen, dem *acqua alta*, das im November die unebenen Pflastersteine der *piazze* und Anleger ertränkt, eine viscontische Augusthitze, die die jugendliche Haut, das Lächeln der Mütter und den Lido vergoldet, die ihren Durst gar an den Kanälen löscht, welche sie nachts verschluckt, Nebel, Wind, Seevögel, Ringeltauben. *Chiese, vaporetti.* Kleines Nonstop-Kino der Kunst. Anhaltende Dekadenz, die folglich keine mehr ist. Staaten fordern in jedem ausländischen Land eine Botschaft. Venedig besitzt Tausende pro Land. Die Serenissima, die das Gold mit vollen Händen ausgießt, damit man sich ihrer erinnert und manchmal auch an ihr stirbt, hat sich nicht lumpen lassen. Jede Kläranlage ist ein geheimes Konsulat. Das Wissen darum genügt. Man stellt dort jedem Interessenten Pass und Visum aus, ohne Warterei, gebührenfrei. Zu jeder Jahreszeit. Das Personal ist so diskret, dass es sich absentiert hat. Wie oft habe ich an meinem Petit Canal innegehalten und in den Abwasserbecken Venedig geatmet? Und wie oft habe ich auf dem Canal Grande der Dogenstadt an die Kläranlage von Dombasle gedacht, an mein Städtchen also, meine kleine Region, *die mir Provinz ist und so vieles mehr?* Der Geographie, einer sehr alten Wissenschaft, sitzt der Schalk im Nacken. Sie spielt mit uns, indem sie sich selbst zum Narren hält. Sie mischt die Gegend auf, wie man Karten mischt. Königinnen kommen so mit Bauern in Berührung. Letztere geraten in Verlegenheit, erröten, schlagen die Augen nieder, atmen ihren Duft ein und fangen an zu träumen. Erstere lassen sie gewähren, wer weiß schon, was die Zukunft bringt? Wer morgen König ist? Wer alles verliert?

Terre / Erde

Mit großer Leidenschaft grabe ich Löcher. Verkrieche mich darin. Aktivitäten für den Frühling oder den Herbst. Im Sommer gehe ich lieber angeln, zudem ist dann die Erde trocken und hart. Sie würde sich mir verweigern. Ich könnte sie allenfalls zusammenkratzen, mehr nicht. März oder November. Satte Monate. Schwere Erde, der das Wasser so lange zugesetzt hat, dass man ein Loch hineinbohren kann. Ich bin mit Werkzeug ausgestattet. Zunächst mit meinen Händen. Aber auch mit Spaten, Schaufeln, Hacken und Stangen. Ich grabe in unserem Garten, vor der Aussaat und nach der Ernte. In 1900 von Bernardo Bertolucci stecken die beiden Jungen ihre kleinen Penisse in die Löcher der Waldmaus, und einer sagt, ich «ficke die Erde». Ich möchte mich mit dem ganzen Leib darin verkriechen. Möchte darin verschwinden. Nicht sterben, nein, mich für einige Zeit verstecken. Sie kennenlernen. In ihren Bauch eindringen. Darin Schutz suchen. Die Erde in unserem Garten ist schwarz, weniger fest als der rote Lehm des Rambêtant oder der Ufer des Sânon. Sie lässt es über sich ergehen, leistet kaum Widerstand. Ich finde ein paar Scherben, einen Pfeifenkopf aus Ton, Steine, ein Stück von einem Bajonett aus dem Krieg von 1870 – dem der Ulanen aus Rezonville und

Gravelotte –, Knochen von Nagetieren. Stundenlang grabe ich im Geruch irdischer Innereien. Rieche oft an meinen Händen, an den Wänden der Grube, in der ich nach und nach versinke. Manchmal nehme ich die Erde auch in den Mund, bevor ich sie ausspucke und noch lange auf der Zunge oder zwischen den Zähnen ihre körnigen Bestandteile schmecke, ihr metallenes Mischaroma. Nach vollendeter Arbeit verharre ich in meinem Loch. Mit angezogenen Knien und etwas Verpflegung, zwei Tafeln Schokolade, einem Stück Brot und einer Trinkflasche sitze ich dort. Ich kenne keine Langeweile. Empfinde Frieden. Ich bin in meinem Loch. Sehr viel später lese ich Kafkas *Der Bau*. Ich aber bin wirklich allein. Niemand gräbt an meiner Seite. Ich brauche keine Nachbarn zu fürchten. Einmal fällt das Loch tiefer aus als je zuvor, und ich setze mich hinein, hingerissen von dem Aushub, der alle meine Erwartungen übertrifft. In der relativen Wärme dort bin ich glücklich. Die Erde speichert die Hitze meines Körpers. Ich denke an Maulwürfe, an ihr dichtes Fell, ihre kräftigen Hände. Blinde, zum fortwährenden Graben verdammt. Ein Leben in Stollen und ewiger Nacht. Mein Vater fängt sie mit kräftigen Eisenkrallen, die er in ihre Gänge stellt. Plötzlich stürzen ohne Vorwarnung die Wände meiner Grube ein. Ich werde begraben. Die Erdschicht ist zum Glück nicht dick. Ich ersticke nicht. Auch empfinde ich keine Angst. Ich habe überall Erde, in den Haaren, im Gesicht. Sie ist mir in den Kragen gerutscht, schiebt sich zwischen Haut und Kleider. Ein Racheakt. Ein Erdregen. Schwarzer Schnee, der nach Kälte riecht, nach verfaulten Wurzeln, nach Verrottung, ein wenig auch nach Gas, wie Trüffel, die Diamanten der Finsternis. Ich möchte mich nicht einäschern lassen. Ich fürchte mich vor dem Feuer. Ich fürchte, dass es mich zu Beginn der Verbrennung zu Grillfleisch macht. Ich will nicht nach Holzkohle riechen. Ich bin kein Rinderkotelett. Und mit der Asche kann man nichts anfangen. Urnen sind lächerlich. Häufig auch hässlich. So ein großer Körper in so einem kleinen Gefäß? Nein danke. Kolumbarien ähneln Hundefriedhöfen. Ich will ein letztes Mal in einem Loch versinken. Gern stiege ich selbst hinab, doch man würde mich für verrückt erklären. Ich möchte in Dombasle beerdigt werden, gegenüber meinem Elternhaus, unweit von unserem Garten. In der Umgebung des Rambêtant, der Landschaft des Sânon. Mein Letzter Wille. Die Erde ist beiderseits der Straße die gleiche. Schwarz riecht sie nach Gemüseanbau und angenehm feucht. Ich habe genug offene Gräber gesehen und genügend Löcher gegraben, um es sicher zu wissen. Graben heißt sterben lernen.

Tilleul / Linde

In einem Pantun der *Blumen des Bösen* beschreibt Baudelaire jenen bezaubernden musikalischen, alchimistischen und sinnlichen Prozess, der bei Einbruch der Nacht in Gang gesetzt wird:

> *Nun naht die Zeit, da mit der Stengel leisem Schwingen*
> *Der Blume Weihrauch steigt, wie Duft des Opferbrands.*
> *Getön und Düfte drehn in abendlichem Tanz,*
> *Sehnsüchtger Schwindelflug und schwermutvolles Klingen.*

Unweit des Friedhofs, auf der anderen Seite der Route de Sommerviller, gegenüber unserem Haus, steht ein zweihundert Jahre alter Baum, den wir die «Dicke Linde» nennen. Im Schatten ihres verzweigten, ausgreifenden, herrschaftlichen Leibs wachse ich auf, bewundere im Winter ihre gewundene, ausgemergelte, Bruegel zur Ehre gereichende, romantische Gestalt und in der heißen Jahreszeit die laubtragende, bemooste, von tausend Vogelstimmen erfüllte. Es sind Vögel, die zu ihr gekommen sind, um sich gegenseitig nachzustellen, sich zu lieben oder ihre Nester zu verstecken. Eine Straßenlaterne dient ihr als Nachttischleuchte, erhellt in Frühlingsnächten ihr jadegrünes Laub mit Kerzenlicht. Die Szene entspricht der traumhaften Sequenz eines Gemäldes von René Magritte oder André Delvaux, und fast rechnet man damit, in jenem cremefarbenen Halo, in dem sich ein langer Bürgersteig aus dem ihn umgebenden Halbschatten löst, eine dunkel gekleidete Gestalt mit Kronstadt-Zylinder anzutreffen oder ein junges ätherisches Mädchen mit großen Mandelaugen, in lange zarte Schleier gehüllt. Maikäfer blühen auf in diesem für sie bisweilen tödlichen Licht, und dank der Erlaubnis, etwas länger aufzubleiben als sonst, ziehen wir los, um sie zu fangen, wenn sie zu Boden stürzen und ein paar Sekunden in verwundbarer Benommenheit liegen bleiben. Wir nehmen sie in die Hände, spüren das angenehme Kribbeln ihrer Beinchen und ihren harten glasierten Panzer aus Chitin. Am nächsten Tag nutzen wir sie für grausame Spiele, verwandeln sie in Aeroplane, die, an einem Nähfaden befestigt, um uns kreisen. Doch noch ist es die Zeit der Jagd unter dem blühenden Baum, von unzähligen Bienen heimgesucht, die sich weigern, zum Schlafen in ihr Bienenhaus zurückzukehren. Die Linde entfaltet über unseren Köpfen ihren riesigen Sonnenschirm aus neuen Blättern, blassen Blüten und pudrigem Pollen von gedecktem Gelb. Schon beim Einatmen wird man von dem Honig gespeist, der noch zu produzieren ist, Verwandlung von Materie, Gas wird zu einem festen Körper, und so finden diese langen Juniabende im eisigen, verschneiten Dezember eine strohgelbe Verlängerung, wenn sie bei der Rückkehr von Schlittenausflügen auf warme Brotscheiben aufgetragen oder in heiße Kräutertees gegeben werden, wo sich die Blüten der Bäume, die ihre trockene Gefangenschaft verlassen haben, um sich alsbald in einem Glasbehältnis zu langweilen, dank der rasanten Rehydratation wie durch ein Wunder im heißen Wasser erneut öffnen und ihm als Votivgabe ihren konservierten Wohlgeruch verleihen.

Torréfaction / Röstung

Bei meiner Ankunft in Nancy beziehe ich eine Wohnung in der Nummer 27 der Grande Rue, im ältesten Viertel der Stadt. Ich bin neunzehn. Im September 1981. Dort ist alles schmutzig und schwarz und von armen kinderreichen, häufig portugiesischen Familien bewohnt. Die Katzen frönen der freien Liebe und pflanzen sich im Schatten der Kirche Saint-Epvre schamlos fort. Die jüngeren Prostituierten lehnen an der Place Malval, die älteren empfangen drinnen, vor allem Madame Aïda, mit der ich gern einen Schwatz halte, mehr nicht. Das Abitur in der Tasche, habe ich mein Elternhaus und das Internat von Lunéville verlassen. Ich habe mich an der Universität eingeschrieben, bin aber selten dort. Ich bewege mich vornehmlich durch Bars, Bistros, Cafés und Kneipen. Mein Tag beginnt früh im Excelsior und endet sehr spät ebenda. Dazwischen war ich zu Gast im Deux Hémisphères, in der Bar du Lycée, im Institut, im Ch'timi, im Aca, im Carnot, im Foy, im Commerce, im Ducs, in der Bar du Marché, im Grand Sérieux, Chez Josy, im Café de la Pépinière, im Écluse und vielen anderen. Ich trinke. Ich träume. Schwarzen Kaffee, braunes Bier, Rotwein, Grog, Picon, Tee, Mandelmilch, Dry Gin. Mein ganzes Geld geht dafür drauf. Ich halte mich für einen Dichter und fülle Spiralblöcke mit miserablen Versen. Tagelang lese ich in dem wunderschönen holzvertäfelten Saal der städtischen Bibliothek. *Aus meinem Leben* von Giacomo Casanova. Die Bände der Pléiade-Ausgabe sind von einem zarten Blau. Ich studiere die Gesichter fleißiger Mädchen mir gegenüber und die Körper erwachsener Frauen in der Straße. Manchmal folge ich einer von ihnen, male mir ihr Leben aus. Es kommt vor, dass ich am Ende mit ihr schlafe, aber das ist nicht das eigentliche Ziel. Dieses Treibholz-Dasein führe ich zwei Jahre lang. Meine Stelle als Aufseher in einem Gymnasium verschafft mir etwas Geld und sehr viel Zeit. Ich bin unglücklich und weiß es nicht. Ich strebe nach einem Leben als Hochstapler, bin jedoch zu feige. Ich wünsche mir einen Revolver in jeder Hosentasche und kann nicht einmal schießen. Man kann die Seele eines Gangsters haben, aber nicht die erforderlichen Eier. Ich bin ein Künstler ohne Kunst. Ich könnte als Trinker oder Dieb, als Zuhälter oder professioneller Faulenzer enden. Ich versuche sogar, gefälschte Parfums zu verkaufen, antworte auf eine entsprechende Anzeige. Das Treffen findet in meiner Straße statt, am Ende, dort, wo sie am belebtesten ist, nahe der Porte de la Craffe. In einem Bankgebäude steige ich die Treppe hinauf. Im dritten Stock öffnet sich eine Tür. Ich stehe meinem Alter Ego gegenüber, zwanzig Jahre weiter: ein schmächtiger Mann mit ausweichendem Blick, der sich in seinem Viskoseanzug mit Flecken am rechten Revers sichtlich unwohl fühlt. Der erbärmliche Gauner foltert seine Krawatte und weicht meinem Blick aus, während er mir erklärt, dass meine künftige Tätigkeit keineswegs illegal sei, allerdings sei sie auch nicht ganz erlaubt. Er händigt mir eine Schatulle mit vierzig Pröbchen aus, die die derzeit bekanntesten Eaux de Toilette imitieren. Niemals dürfe ich die Vorbilder und die gefälschten Marken erwähnen. Die Kunden sollen sie erraten, ich darf sie mitnichten benennen, denn erst ab diesem Augenblick mache ich mich strafbar. Er wünscht mir viel Glück und lässt die hundert Franc Kaution, die er von mir gefordert hat, in seiner Hosentasche verschwinden. Ich stehe wieder draußen, um einen Schein erleichtert, unter dem Arm die Schatulle mit den Düften. Plötzlich fühle ich mich an diesem Frühlingsmorgen wie ein Idiot. Die Kehrmaschine hat soeben den Bürgersteig besprengt und den Rinnstein gereinigt. Die Luft ist frisch. Der blaue Himmel löst die grauen Schieferdächer wie Ausschneidebilder von ihrem Hintergrund. Aus einer offenen Ladentür in der Nähe dringt eine Duftwolke frischer Kaffeebohnen, die gerade einem Röstungsverfahren unterzogen werden. Warm, sinnlich, brutal gegenwärtig. Ich kann mich nicht mehr von der Stelle rühren. Bin wie verhext vom Duft der Bohnen, die in dem heißen Kessel erhärten, und von der Szene, die sich etwas weiter oben in dem verwahrlosten Büro abgespielt hat. Es tut mir nicht leid um die hundert Franc, im Gegenteil. Manche blättern diese Summe jede Woche hin, um über Jahre hinweg auf einer Couch zu liegen und sich etwas besser kennenzulernen. Ich habe schlicht eine beschleunigte Therapie hinter mich gebracht. Die Wahrheit erscheint mir nackt und blass.

Der Gauner hat mich ausgenommen, aber er hat mir auch, ohne es zu ahnen, die Augen geöffnet: Ich bin einfach nur ein Idiot, der geradewegs auf eine Wand zusteuert. Ich werfe mit meiner Zeit um mich wie mit wertlosen Münzen. Ich habe schon nicht viel vorzuweisen und schicke mich an, mich alsbald noch zu unterbieten. Im Licht dieses wunderschönen altmodischen Morgens, von der Sonne berieselt, verharre ich lange auf dem Bürgersteig, im Duft des gerösteten Kaffees, der sich mit der frischen Luft vermischt, meine Box mit den falschen Parfums unter dem Arm, um große Hoffnungen beraubt, aber um eine fruchtbare Erkenntnis bereichert, kalt geduscht und soeben mit virtuellen Fußtritten in den Hintern aus einem Leben vertrieben, das meines nicht sein kann.

Tourterelle / Turteltaube

Die Waguette-Zwillinge wohnen in einem großen Haus, dessen schlichte Fassade zur Rue Gabriel Péri zeigt, den Champs-Élysées von Dombasle, die man jedoch im Unterhemd oder im Blaumann beschreiten kann. Sie verdanken es ihrem Großvater, dem alten Resling, einem Futtermittelhändler mit Baskenmütze und Schnurrbart, zittriger Stimme und krummem Rücken, der sich von seinen Geschäften zurückgezogen hat. Eine Ikone. Er fährt eine alte Ente oder ein Vélosolex. Der ideale Großvater also, von dem ich träume, schließlich habe ich meine eigenen nie kennengelernt. Hinter dem Haus erstrecken sich ein Garten und ein unermesslich großer Park mit alten Bäumen, deren Äste bis zu den Arbeitersiedlungen der Cités Elisa und zur Klinik Jeanne d'Arc ausgreifen, in der ich an einem Februartag zur Welt gekommen bin. Im Sommer und Herbst sieht uns der Park lachen, heranwachsen, uns verstecken, uns prügeln, uns anmalen. Wir rennen darin, schlafen und machen Feuer, weit weg von den Erwachsenen und ihrem Ernst. Als wir etwa dreizehn sind, beginnt einer der beiden Waguettes, Laurent, in einem Schuppen mit der Aufzucht von Turteltauben. Vermehrung der Pärchen und ihrer Brut. Man betritt den Holzverschlag und wird sogleich von einem eleganten, kaum wahrnehmbaren Kotgeruch empfangen, einem edlen Duft nach Stroh und Federn, fauligem Wasser, Getreidekörnern und warmem Flaum. Vogelaristokratie. Die nichts gemein hat mit den plumpen Ausdünstungen unseres Hühnerstalls – den ich im Übrigen liebe –, eine Art sozialer Wohnungsbau mit zu vielen Bewohnern, die sich wenig um die Sauberkeit scheren, die überall ihren Kot und dicke Federn hinterlassen, aber auch, als wollten sie sich für die Unordnung entschuldigen, sehr gute Eier. Die Turteltaube ist ein Vogel königlichen Geschlechts. Sie legt Eier und lebt in einem gepflegten Umfeld. In der Saison gibt es reichlich Küken, und wir berühren unter den brennenden Bäuchen der Mütter die zarten Eier, in denen sich erstes Leben anbahnt. Sonnenstrahlen verleihen der Holzhütte etwas von einer gurrenden Kapelle. Hauchfeine Federn flattern auf, als wir die Eier prüfen. Schwarze Augen über grauen Roben mit winzigen schwarzen Halskrausen richten über uns. Wir schämen uns ein wenig, glaube ich, auf diese Weise in Familiengeschichten zu stöbern, die nicht die unsrigen sind.

Vieillesse / Alter

Schon ihre Wangen ähneln Früchten, Äpfeln oder Birnen, zerknittert und fleckig, die zu lange in einer Tonschale geschlummert haben, zudem strahlen sie einen wächsernen, milden, bezaubernden Geruch aus, fern und lieblich, mehr eine Erinnerung an ein Parfum als das Parfum selbst. Der nicht mehr ferne Tod versieht ihren Körper mit erschütternden Abnutzungen wie ein Stück Wäsche aus feinem Stoff, unzählige Male gewaschen, unzählige Male getragen, sodass der durchscheinend gewordene Schuss zu idealer, aber brüchiger Geschmeidigkeit führt. Die Haut, das Haar, die Finger der Alten sind wie ein Tuch, das man nicht mehr hergeben möchte und dem man jede erdenkliche Pflege angedeihen lässt, damit es niemals reißt. Dabei wissen wir sehr wohl, dass wir diese Geschöpfe mit ihrem zögerlichen, unsicheren Gebaren bald nicht mehr werden küssen können, weshalb die Küsse, die wir ihnen geben, und jene, die wir von ihnen bekommen, bei jedem Wiedersehen und jedem Abschied von einem Gefühl belastet werden, das unsere Sinne berührt, denn mit Macht wollen wir alles an ihnen bewahren, ihr kleinstes Lächeln oder Augenzwinkern, ihre Worte, ihre Liebkosungen, ihre Wärme, ihren Geruch. Ich erinnere mich an alte Frauen in meiner Kindheit, die Gesichter voller Zysten – wir nannten sie Kirschen –, deren Kinne von grau melierten Bärten verlängert werden und deren Gesichter mitnichten zu Zärtlichkeiten einladen, die aber, wenn man sich ihnen nähert, nach Mandelmilch, Orangenblüten und alten Rosensorten duften. Die Diskrepanz zwischen dem grässlichen Erscheinungsbild ihrer Gesichter und gebrochenen Körper – manche gehen so gebeugt, dass ihr Oberkörper im rechten Winkel abknickt – und jenem Jungmädchen- oder gar Säuglingsduft ist so gewaltig, dass ich mitunter den Eindruck habe, mir den Geruch nur einzubilden. Ich erinnere mich allerdings auch an andere Alte, eine Gartenhexe, die im Stehen pinkelt, ohne ihre langen Röcke, ihre Schürze oder ihren Kittel anzuheben, während sie sich auf den Spaten stützt und sich ihr mit einem weißlichen Schleier verdeckter Blick in der Ferne verliert, bevor sie, nachdem sie sich auf diese Weise erleichtert hat, sogleich wieder ihre Arbeit aufnimmt. Begegne ich ihr auf der Straße, wie sie ihren Karren zieht, auf dem Gartengeräte und ihre Ernte liegen, beschleunige ich meinen Schritt, nicht weil mir der Gestank ihrer Kleider nach ranzigem Urin eine Ohnmacht bescheren könnte, sondern weil sie mir, der ich mich noch in jenem unsicheren Alter befinde, in dem wir uns bereits von den primitivsten Gedanken entfernen, den stärksten Aberglauben aber noch nicht abgelegt haben, Angst einjagt. Doch will ich auch die alten Männer nicht verschweigen, deren Gesellschaft ich damals suche, zum Ausgleich für die Abwesenheit meiner Großväter, die beide viele Jahre vor meiner Geburt gestorben sind, 1938 Lucien, der Vater meines Vaters, an Leukämie, 1957 Paul, der Vater meiner Mutter, mitten auf der Straße an Herzversagen – einer *Herzattacke*, um das Wort zu verwenden, das ich als Kind in diesem Zusammenhang stets höre und mit dem das brutale Zuschlagen des Todes, die Bestialität, mit der sich dieser Nichtsnutz auf seine Opfer stürzt, bestens zum Ausdruck gebracht wird. Ich mag die Alten. Alles an ihnen. Ihre Blicke, ihre Worte, ihre Gesten, ihre klapprigen Räder, ihre Mofas, ihre Wut, ihr Wissen. Ihre Kleider, die sie sommers wie winters tragen, braun oder bordeauxrot, geflickte Wollstoffe, Hosen und Jacken aus blauem Leinen, deren Patina die Farbe des Stoffs mit weißlichen Rillen mildert, ihre zerschlissenen Baskenmützen, deren Lederfutter im Innern vom vielen Schweiß rissig geworden ist, und die unantastbaren Gewohnheiten der zahlreichen Kneipen, die Dombasle damals vorzuweisen hat, statten sie mit dem Geruch nach billigem Tabak, einem Lederbeutel, einfachem Rotwein, Wolle, Witwertum, Schmierfett und Gartenfeuern aus. Genau so riecht mein Vater in den letzten Jahren seines Lebens, abgesehen von dem Tabakgeruch, da er nicht raucht. Und wir, die wir uns zuvor nie innig umarmt haben – mein Vater ist nie zärtlich gewesen –, holen die verlorene Zeit nun nach. Gern nehme ich ihn in die Arme, wenn ich ihn besuche und wenn ich wieder gehe, und ich dehne den Moment lange aus. Sein Körper ist zerbrechlich und schmächtig geworden. Die Knochen seiner Schultern sind mir ganz nah, dort, wo einst Muskeln und Fett große kompakte

Massen gebildet haben. Ich drücke ihn an mich. Umarme ihn mehrmals. Ich habe das bewegende Gefühl, ein sehr altes Kind zu riechen und in die Arme zu schließen.

Voyage / Reise

———

Baudelaire, er schon wieder, wusste genau, dass man ganze Welten in Flakons bannen kann und in die schweren Locken schlafenden Haars. Auf allen Reisen habe ich seine Verse im Gepäck, ein Vademecum, das jeden Reiseführer schlägt, denn so zu reisen heißt, sich zu verlieren, das Vertraute hinter sich zu lassen, um ohne Orientierungspunkte wiedergeboren zu werden und die Erde mit den Sinnen zu bezwingen. So atmen wir wie nie zuvor den Odem neuer Länder. Jahrelang verliere ich mich glücklich auf Märkten in Istanbul, Marrakesch, Kairo, Assuan, Taipeh, Huaraz, Shanghai, Denpasar, Bandung, Lima, Saigon, Cholon, Huế oder Hanoi, Malatya, Helsinki, Mérida, auf den Märkten zahlreicher größerer oder kleinerer Städte, von sengender Hitze geplagt, wie in Diyarbakır, das seinen Tabakmarkt, verlockende blonde Berge, im Schatten einer alten Karawanserei verbirgt, oder von frostiger Kälte wie jenes Krakau im Januar, wo ich in den mit Pelzwaren, Krippen aus Silberfolie und Moschus gefüllten Hallen versuche, meine absterbenden Fingerspitzen zu retten. Ihre Namen sind Gedichte. Ihre Düfte leichte Boote, auf denen wir uns treiben lassen. Zwei Orte ziehen mich auf Reisen an, sie suche ich, wo immer ich hinkomme, als Allererstes auf. Die Kirche, so ich in christliche

Länder reise, und den Markt. Die Kirche, weil ich in ihr überall den gleichen Duft vorfinde, nach kaltem Stein, Wachs, Myrrhe und nach Weihrauch. Sie ist mir ein *mobile home*, ein Dauerzuhause mit ihrer bekannten Bilderwelt, ihrer Ruhe und ihrem geschützten Raum. Den Markt, weil ich dort die Seele der Erde und die Haut der Menschen rieche sowie die Früchte ihrer Arbeit in einer überwältigenden Mischung aus üblen und angenehmen Gerüchen, nach rohem und gebratenem Fett, Zitronenkraut, Koriander, grob mit der Schere geschnitten, dem Kot von Käfigvögeln, fadem frisch erlegtem Fleisch, Jasmin, gegerbtem Leder, Schwefel, Zimt, Rosenblüten und Innereien, frischen oder gebrannten Mandeln, Kampfer, Äther und Honig, nach Würsten und Minze, Flieder, Öl, Suppen, Krapfen, Kabeljau und Kraken, getrockneten Algen und Getreidekörnern. Ihre Namen aneinanderzureihen, ihre Silben einzuatmen heißt, das große Gedicht über die Welt und ihre Sehnsüchte zu schreiben. Der ausgehungerte Cendrars mit seinen Listen über geträumte Menüs, schlotternd im Herzen New Yorks verfasst, das ihn nicht haben wollte, hat dies begriffen. Jeder Brief hat einen Geruch, jedes Verb einen Duft. Jedes Wort strahlt im Gedächtnis einen Ort und sein Parfum aus. Und jener Text, der Schritt für Schritt aus einem zufällig konjugierten Alphabet und Erinnertem gewoben wird, wird schließlich zu jenem herrlich duftenden, sich tausend Mal verzweigenden Strom unseres geträumten Lebens, unseres gelebten Lebens, unseres künftigen Lebens, der uns einen nach dem anderen davonträgt und entblößt.

«Ich weiß, dass ich existiert habe; denn ich habe gefühlt; und da ich dies durch das Gefühl weiß, so weiß ich auch, dass ich nicht mehr existieren werde, sobald ich aufgehört habe zu fühlen.»

Giacomo Casanova
Aus meinem Leben

Zitate

Seite 7, Motto: Charles Baudelaire, *Eine halbe Welt in einem Haar*, zitiert nach der Übersetzung von Friedhelm Kemp

Seite 169, Charles Baudelaire, *Die Blumen des Bösen*, zitiert nach der Übersetzung von Graf Wolf von Kalckreuth

Seite 185, Giacomo Casanova, *Aus meinem Leben*, zitiert nach der Übersetzung von Heinz von Sauter

Philippe Claudel bei Kindler und rororo

An meine Tochter

Brodecks Bericht

Der Duft meiner Kindheit

Der Junge, der in den Büchern verschwand

Die grauen Seelen

Die Untersuchung

Monsieur Linh und die Gabe der Hoffnung

KINDLER

«Rührt zu Tränen und lässt uns lauthals lachen.» (Glamour)

Bartholomew hat immer bei seiner Mutter gelebt. Bartholomew ist 39. Als sie stirbt, muss er plötzlich allein zurechtkommen. Beim Aufräumen ihres Schlafzimmers findet er einen Brief von Richard Gere wieder. Der Brief muss Mom viel bedeutet haben, sonst hätte sie ihn nicht in ihrer Unterwäscheschublade aufbewahrt. Nun versteht Bartholomew auch, warum sie ihn in ihren letzten Tagen, als sie schon sehr durcheinander war, immer nur «Richard» genannt hat. Er beschließt, dem Schauspieler Briefe zu schreiben. Über Moms Theorie vom Glück, über Außerirdische, Buddhismus und die Liebe zu Katzen. Und über die junge Bibliothekarin, die er schon seit Jahren einmal ansprechen möchte. Bis jetzt hat Richard Gere noch nicht geantwortet, aber Bartholomew ist sicher, er wird ihm bei seinem Neuanfang helfen.

ISBN 978-3-463-40084-6

Das für dieses Buch verwendete FSC®-zertifizierte Papier
Holmen Book Cream liefert Holmen, Schweden.